すぐ動けない人のための

時間割仕事術

Jikanwari
Sigotojutsu

藤井孝一

Fujii Koichi

朝日新聞出版

木 THU	金 FRI	土 SAT	日 SUN
ウォーキング 06:00	ウォーキング 06:00	ウォーキング 06:00	ウォーキング 06:00
朝食 07:00	朝食 07:00	朝食 07:00	朝食 07:00
朝習慣 07:30	朝習慣 07:30	朝習慣 07:30	朝習慣 07:30
INPUT 08:00~08:50	INPUT 08:00~08:50	INPUT 08:00~08:50	INPUT 08:00~08:50
メール対応① 09:00	メール対応① 09:00	外出① 09:00~13:00	買い物 09:00~13:00
資料作成① 09:30~11:00	資料作成① 09:30~11:00		
資料作成② 11:00~12:30	資料作成② 11:00~12:30		
メール対応② 12:30	メール対応② 12:30		
ランチ 13:00	ランチ 13:00	ランチ 13:00	ランチ 13:00
会議・打ち合わせ① 14:00~15:30	会議・打ち合わせ① 14:00~15:30	外出② 14:00~19:00	家事 14:00~19:00
会議・打ち合わせ② 15:30~17:00	会議・打ち合わせ② 15:30~17:00		
メール対応③ 17:00	メール対応③ 17:00		
食事・飲み会 18:00~21:00	ジム 18:00~19:30		
	夕食 19:30	夕食 19:30	夕食 19:30
	団らん 20:00~21:00	団らん 20:00~21:00	団らん 20:00~21:00
INPUT 21:00~22:00	INPUT 21:00~22:00	INPUT 21:00~22:00	INPUT 21:00~22:00
夜習慣 22:00~23:00	夜習慣 22:00~23:00	夜習慣 22:00~23:00	夜習慣 22:00~23:00
睡眠 23:00~05:50	睡眠 23:00~05:50	睡眠 23:00~05:50	睡眠 23:00~05:50

私の時間割

	月 MON	火 TUE	水 WED
05:00			
06:00	ウォーキング 06:00	ウォーキング 06:00	ウォーキング 06:00
07:00	朝食 07:00 朝習慣 07:30	朝食 07:00 朝習慣 07:30	朝食 07:00 朝習慣 07:30
08:00	INPUT 08:00～08:50	INPUT 08:00～08:50	INPUT 08:00～08:50
09:00	メール対応① 09:00 資料作成① 09:30～11:00	メール対応① 09:00 資料作成① 09:30～11:00	メール対応① 09:00 資料作成① 09:30～11:00
10:00			
11:00	資料作成② 11:00～12:30	資料作成② 11:00～12:30	資料作成② 11:00～12:30
12:00	メール対応② 12:30	メール対応② 12:30	メール対応② 12:30
13:00	ランチ 13:00	ランチ 13:00	ランチ 13:00
14:00	会議・打ち合わせ① 14:00～15:30	会議・打ち合わせ① 14:00～15:30	会議・打ち合わせ① 14:00～15:30
15:00	会議・打ち合わせ② 15:30～17:00	会議・打ち合わせ② 15:30～17:00	会議・打ち合わせ② 15:30～17:00
16:00			
17:00	メール対応③ 17:00	メール対応③ 17:00	メール対応③ 17:00
18:00	ジム 18:00～19:30	食事・飲み会 18:00～21:00	ジム 18:00～19:30
19:00	夕食 19:30		夕食 19:30
20:00	団らん 20:00～21:00		団らん 20:00～21:00
21:00	INPUT 21:00～22:00	INPUT 21:00～22:00	INPUT 21:00～22:00
22:00	夜習慣 22:00～23:00	夜習慣 22:00～23:00	夜習慣 22:00～23:00
23:00	睡眠 23:00～05:50	睡眠 23:00～05:50	睡眠 23:00～05:50

プライベート
デスクワーク
外出・打ち合わせ
睡眠
バッファ

時間割は、あなたを
縛るものではありません
自由を手に入れるための
最強のツールなのです

もくじ

Contents

第1章 なぜ、あなたはいつも時間がないのか？ 43

第2章　時間割が面倒くさい人のはじめの一歩

第4章 長期の時間割で人生を劇的に変える

第5章 自分史上最高の生産性を身につける 167

編集協力／辻由美子　ブックデザイン／新井大輔・中島里夏　イラストレーション／風間勇人

まえがき

Preface

好きなことを、好きなときに、好きなだけやる自由

あなたにとって、幸せとはどのようなものでしょうか？

会社で出世してトップになったり、世の中で成功をおさめたり、億万長者になることでしょうか？

私にとって、幸せはそんな大それたことではありません。もっとささやかで、気張らない、等身大のものです。それは、がむしゃらに働かなくても、好きなことだけをして、しかもお金に困らず生きていけることです。

もっといえば、**「好きなことを、好きな人と、好きなときに、好きな場所で、好きなだけできる」人生。**それで誰かのお役に立てるなら最高です。

もちろん、「夢は大きく！　大起業家になる！」という志を持ち、成功に向けて突き進む人生も考えないではありませんでした。

でも、私がそうなれる確率は、限りなくゼロに近いと思えました。それ以上に、あまり気乗りのしないことのためにわずらわされるのはいやでした。たとえば、株主や金融機関、顔を合わせたこともない従業員や顧客のために自分の時間を捧げて働かなくてはならないことには耐えられる気がしませんでした。

それより「好きなことを、好きな人と、好きなときに、好きな場所で、好きなだけできる」ことのほうが、自分にとっては大事だと思えました。

私はそういう生活を手にする道を模索し、何とか手にすることができました。

労働時間はサラリーマン時代の半分以下になりました。それでも収入は数倍になっています。

こんな話をすると「お前の自慢話など聞きたくない」と言われそうです。でも私は自慢話をしたいわけではありません。

私のように「できればあまり働きたくない」「考えすぎてしまう」という、すぐに動けないタイプの人間が、どうやって今の自由な幸せを手に入れたのか、その話をしたいのです。

私に幸せな人生をもたらしてくれたもの。それはずばり時間割です。

自由は時間割によってつくられる、それが私の信念です。

お金持ちが、お金の計画を立てて増やし、上手に管理して財産を築いていくように、自由な時間の持ち主は、時間の計画を立てて自由な時間を確保し、上手に管理して幸せな生活を手に入れています。

幸せを手にするには、お金の管理と同じくらい、時間の管理が必要なのです。

ところが、多くの人は、お金の使い方や運用にはとても神経をつかいながら、時間にはあまり注意を払っていないように見えます。そのことが、私には不思議でなりません。

時間持ちとお金持ちは、ほぼ同義ともいえます。お金持ちの多くは自由な時間もたくさん持っているものだからです。

反対に、貧乏な人はいつも「時間がない」と嘆きます。「貧乏暇なし」と言いますが、そのとおりだと思います。だから、時間の管理がとても重要なのです。

では、どうすれば、時間を上手に管理できるのでしょうか。

お金を貯めたり、維持したりするのに「家計簿」や「決算書」を使って管理するように、時間を管理するにもツールが必要です。そのツールが時間割なのです。

ボロ雑巾のようになる日々

私がなぜ時間割の大切さに気づいたのか、そのきっかけからお話ししましょう。

今から30年ほど前、世の中がバブルで浮かれていたころ、私は大学を卒業して、金融系の会社に就職しました。

もともと教師になりたいと思っていたものの、結局、私は給料の良さにひかれて、金融に進路変更してしまいました。

入社してからは超多忙でした。5時間程度の残業は当たり前という日々です。

法人向けの営業部に配属された私は、連日のようにお客さんや上司と飲み会に行きました。帰宅も終電には間に合わずタクシーの日々。それでも翌日は、満員電車にゆられて9時前には出社しなければなりませんでした。

当時は、若くて体力がありましたが、さすがに休日は疲れ果てて泥のように寝ているだけの生活でした。

その後、バブルが弾け、待遇は次第に悪くなっていきました。それでも会社にこき使われる日々は続きました。自分の時間はまったくなく、手取りも減る一方でした。

ボロ雑巾のようになって、深夜帰宅しながら、「数時間後には、またこの道を会社に向かうのだな」と思うと、むなしい気持ちでいっぱいになりました。

疲れた中年が将来の自分なのか？

入社して2年ほどたったある日、そんな私を覚醒させる事件が起きました。

同期入社した同僚の友人A君が、私と同じ部署で同じ仕事をしながら、職場の試験をクリアして、当時憧れだった米国へのMBA留学を決めたのです。たった2年で大きな差をつけられてショックでした。

そのあと、たまたま会社の研修で自分のキャリアプランを考える機会がありました。その中で、講師がスクリーンに映し出した写真が忘れられません。

講師が「毎日、漫然とすごしているとこうなりますよ」といいながら示した写真には、残念な中年男性が写っていました。

彼は片手に水割りと麻雀の牌《パイ》を持ち、口にはタバコをくわえて、居酒屋のようなところでくだをまいているようでした。髪はボサボサで無精髭《ぶしょうひげ》を生やし、顔色は悪くて見るからに不健康そうで、お腹はビア樽のようにふくらんでいました。

その様子を、部下だか後輩だかが冷ややかに見ています。どう見ても、幸せそうには見えませんでした。若いサラリーマンに「こうなっちゃいけない」と思わせるのに十分な1枚でした。

次に、講師は「今からプランを立てて頑張れば、こうなれますよ」といいながら、もう1枚の写真を示しました。それは高級そうなスーツに身を包み、部下たちを引き連れてビジネス街を颯爽《さっそう》と闊歩《かっぽ》するエリートサラリーマンの姿でした。

プランのなかった人・あった人

Point

時間の使い方で未来はこんなに変わる

私には、講師が「最初の写真が将来のあなたで、2枚目がA君ですよ」と言っているようにしか聞こえませんでした。

時間割をつくっただけで、がぜん勇気が

私は「何とかこの生活から抜け出したい」と、切実に思いました。

でもどうすればいいのか、見当もつきません。自分の力で上司や取引先、職場環境を変えることは簡単ではありません。かといって、いきなり会社をやめたり、起業したりするのは無謀すぎます。失敗したら取り返しがつかなくなります。

だから、今の会社にいて、給料をもらいながらできることを考えました。

そして思いいたったのが、今思えば安直ですが、資格を取ることでした。サラリーマンに人気の中小企業診断士という資格です。

資格の取得にあたって、どれくらい勉強すればいいのか調べてみました。すると、通常1000時間以上の勉強が必要であることがわかりました。

私は、年齢などを考え、2年で資格を取りたいと思っていました。そう考えると、年間500時間程度、週に10時間程度は勉強する必要があります。

超多忙な仕事を続けながら、どうやってそんな莫大な時間を捻出できるのでしょうか。

仕事以外、通勤と寝る時間しかない毎日です。

「とても無理だ」と一度はあきらめかけました。

でも、このままでは、残念な未来が待っています。

そこで、一度冷静になって、自分の一日の生活を見直してみることにしました。

毎日、具体的にどうやってすごしているのかを書き出して眺めてみると、結構ムダな時間もあることがわかりました。

そして、無理をすれば毎日2時間程度、たとえば「朝なら時間が確保できるかも」と思えてきました。

そこで早起きして2時間、資格の勉強をする計画を立てました。そうすれば、毎週10時間は勉強できる計算になります。もちろん、どうしても朝の時間が確保できないときは、週末を使えばカバーできそうです。

そうした予定を盛り込んだ計画を週単位で書き出してみました。

でき上がったものは、まさに学生のころ親しんでいた時間割でした。

計画を立ててみると、ばくぜんと「無理」と思っていたことが「このとおりやればできる」と思えるようになりました。

雲をつかむような夢が、現実味を帯びてきたのです。

がぜん、やる気が出て、私は中小企業診断士の資格にチャレンジをはじめました。

結局、2年足らずで超多忙なサラリーマン生活を続けながら、無事中小企業診断士の資格を取ることができたのです。

これが、私が時間割の威力を実感した最初の体験です。

資格の勉強をする中で「いずれ独立して経営コンサルタントになりたい」と思うようになりました。

本格的にコンサルタントとして活躍するなら、グローバルな視点も必要です。

語学の習得と海外勤務の経験を目指し、これまで資格の勉強に使っていた時間を、今度は語学の勉強にあてました。

これが報われて、晴れて私はアメリカのロサンゼルスに駐在することができました。27歳のときです。

仕事ができる人が明確に意識していること

数年間の駐在経験を経て帰国した私は、いよいよ独立に向けて動き出しました。まずは会社にいながら副業でコンサルティング会社の下請けをはじめたのです。

そこで私は、副業先のコンサルタントたちから、本業では知りえない仕事ぶりを見せつけられました。

コンサルタントは、クライアントの業績をあげるなど、成果をあげることで報酬をもらいます。報酬は時間単位で請求します。

だから、**成果に要した時間や自分の時給などを明確に意識しながら働いている**のです。

こうした仕事のやり方は、当時の私にとって目からウロコでした。本業の会社では、月給が保証されていたために、誰もそんなことを意識して働いていませんでした。だから、平気でダラダラと残業していたのだと思いました。

しかも、そのときの私は、副業をしており、誰よりも時間にシビアである必要がありました。具体的には、平日毎日5時間以上を確保する必要があったのです。

そこで、あらためて生活をすべて書き出しました。そのころには、すでに独立することを決めていましたので、会社の評価はまったく気になりませんでした。

まず、本業の残業はやめました。そのために、不要な会議への参加や仕事のやり直し、貢献度の低い取引先への訪問などはすべてやめました。人に頼める仕事は頼み、断れる仕事は断りました。

くわえて、帰宅後の睡眠や食事、入浴の時間、トイレに行く時間にいたるまで、必要なことはできるだけ時間を決めて、短時間で終えるようにしました。

こうしてムダを削ぎ落とし、何とか毎日5時間を捻出しました。

この二足のわらじ生活を2年間続けて、コンサルタントとしての経験値を高めたことで、副業の収入が本業の給与と同額になりました。これを機に、会社を辞めて独立したのが34歳のときです。

独立してからは、経営コンサルタントの仕事に専心。社会人向けの教育も手掛けるようになり、そのための会社を設立し、経営者になりました。この会社を軌道に乗せ、50歳で会社の経営を後進に譲り、経営の第一線から退きました。

今では、自由な時間を確保しながら、収入も維持できています。こうして、かつて望んでいた「好きなことだけをして暮らす」という生活を手に入れることができたわけです。

主体的に時間をマネジメントできる人が幸せをつかむ

とまあ、私の話はこれくらいにして、いよいよこの本の本題に入ります。

みなさんの周りには、みなさん自身を含めて時間に追われている人が多いのではないでしょうか。たとえば、

1．忙しすぎて、何からやっていいのかわからない。

2．やることはたくさんあるのに、あれこれ考えすぎて動けずに多くの時間をムダにし

たことがある。

3．「やりたいこと」「やるべきこと」をする時間がない。

4．将来のことを考えている余裕がない。

というような人たちです。

いずれも共通するのは「時間を自分のものにできていない」、すなわち時間を主体的にマネジメントできていないということです。

「いやいや、自分はちゃんと時間をマネジメントできているよ」と言う人もいるかもしれません。でも、その人がサラリーマンなら、多くは9時に会社がはじまり、17時まで会社にいなければならないという会社のルールには縛られているはずです。

それこそ人（会社）から強制されている時間といえます。

会社の始業が9時だから、それに合わせて毎朝7時に起きて、8時に家を出ていく。それは人が決めた時間で生きていることにほかならないと私は思います。

もちろん、9時から17時は会社にいなければいけない、というルールが変えられないとしても、それ以外は自分の都合で時間をマネジメントすることができるはずです。

朝乗る電車は決めるのに、なぜ帰りの電車は決められないのか

主体的に時間をマネジメントできているかどうかは、帰りの電車に乗る時間でわかります。

誰もが、朝乗る電車は何時何分発と分刻みで決めているのに、帰りの電車を決めないのはなぜでしょうか？

それは仕事がいつ終わるかわからないからではないでしょうか。

これこそが人（会社）の都合で生きている証拠です。もし自分で主体的に時間をマネジメントしているなら、帰りの電車の時間も自分の都合に合わせて決められるはずです。

たとえば、帰宅して食事をして入浴して、20時から寝るまで3時間勉強をすると決意していたら、そこから逆算して6時の電車で帰ろうという具合です。

このように、自分のやりたいことをするために、自分ベースで時間を決めず、ただ会社

の都合に合わせて1日をすごしていると、時間などあっという間になくなってしまいます。

つい、他人の都合で時間を使ってしまう人は、**「時間」＝「お金」**とイメージすればいいでしょう。

相手の都合でお金を使っていると、お金はいくらあっても足りません。お店の言うとおりに買い物し、友人に誘われるままに出かけていたら、お財布はあっという間に空になってしまいます。時間も同じです。

他人の都合に合わせて、自分の時間を使わないことです。

お金を貯めるためには、家計簿をつけたり、予算を立てたりすると思います。同じように、時間も自分ペースでしっかり組み立てて、管理することです。つまり、家計簿をつけるように、時間割をつくることを覚えておきましょう。

それが将来的には、自分の時間をたっぷり持ち、「好きなことを、好きな人と、好きなときに、好きな場所で、好きなだけする」幸せな人生へとつながります。

この本は、仕事に追われていっぱいいっぱいになっている人、将来の夢や目標に向かって行動できていない人、それどころか将来の自分の成功や幸せを考える余裕もない人に、どうやったら仕事の生産性をあげ、余った時間を自由な人生の実現に振り向けられるか。そして、「好きなことを、好きな人と、好きなときに、好きな場所で、好きなだけする」人生を実現できるか、その方法論について述べたものです。

自由で幸せな人生を実現するのはそれほど難しいことではありません。

私でもできたのですから、みなさんにできないわけがありません。

その重要なキーになるのが時間割です。

時間割こそが、自由で幸せな人生を実現させる重要なツールなのです。

では本論をはじめます。

序章

Introduction

効率よく働く人だけが勝つ時代

時間持ちはお金持ち

時間は人生そのものである

サラリーマン時代、超多忙な時間をやりくりして、１０００時間を捻出し、中小企業診断士の資格を取って以来、私は「時間」に対して強い問題意識を持つようになりました。

時間は人生そのものだからです。

人生は１秒１秒の積み上げです。

いい人生だったかどうかは、いい時間をすごせたかどうか、どんな１秒１秒を積み重ねたかにかかっています。

その発想があれば、おのずと行動も変わってきます。

よく「もう歳だから」とか「今さらやっても遅い」と言う人がいます。でも「今」から

1秒後、その1秒後も人生は続いていくのです。

そう考えると、いつも「今」が人生のスタートです。人生で「今」が一番若いとき。

この瞬間、この1秒1秒をムダにすごしてはいけません。

ぜったい増やせない・貯められない資産

お金と時間はイコールだと言いました。でもお金と時間で一つだけ決定的な違いがあります。

それは、お金は増やしたり貯めたりができますが、時間は増やせない、貯められないということです。

仮に事業に失敗して、一文なしになったとしても頑張って働けば、またお金を取り戻すチャンスはあります。

でも失った時間はぜったいに取り戻せません。

昨日失ったお金は、いつでも取り戻せますが、昨日という時間は、泣いてもわめいても、永遠に取り戻せないのです。

だから、お金と時間、どちらが大切かと言われれば、私は迷わず時間を取ります。**目先のお金持ちになるより、〝時間持ち〟になるほうがはるかに可能性が広がる**と考えるのです。

時間は絶対に増やせませんが、お金とからめると、お金を飛躍的に増やす効果があります。本論からは少し横道にそれますが、お金と時間の関係について、ちょっと話をさせてください。

お金を増やす極意は時間を味方にすることです。要するに早くから少しずつ貯めていけば、誰でもお金は貯まります。

私の年齢になると、その差が顕著にあらわれます。先日もこんなことがありました。同じ時期に社会人になった友人と30年ぶりに顔を合わせる機会があったのです。お互いの境遇を話し合って、その差にがくぜんとしました。かりに友人をA君とB君とします。

A君は入社直後から給与天引きで積立貯金をはじめていました。さらに途中からは投資信託の積み立てに切り換え、これまで40年近くコツコツと積み立てを続けたそうです。もう1人のB君は、あればあるだけお金を使うタイプでした。少しお金が貯まると、高級車を買ったり、海外旅行に行ったり。

2人が定年を迎えたとき、A君は金融資産だけで5000万円を超え、マンションも自宅以外に三つも保有。家賃収入があり、借金もゼロになることが見込まれます。一方のB君は退職金で住宅ローンを完済したら、貯金はわずかです。先日、金融庁が発表した「老後資金は最低2000万円必要」に青くなっていたのです。

2人とも給与はそれほど違いませんでした。それなのに、これだけの差が生まれたのは、まさに時間を味方につけたのかどうかの差です。

投資のように、時間×お金で増やすものは、運用期間が長くなるほど有利です。一説によると、今から15年前に投資信託の積み立てをはじめていた人は、この15年で元本が1・5倍になったといわれます。

B君のように漫然と与えられたお金をつかっていたら、まったくお金は増やせません。でも時間と掛け算すれば、お金が何倍にも増えます。

時間は貯められない資産だからこそ、お金と上手にからめて、うまく運用することが大切です。

資産数十億のAさんとリストラをされたBさんの違い

1日は誰にとっても24時間。同じです。アラブの大富豪だろうと、一介のサラリーマンだろうと、1日24時間は変わりません。

それだけ公平、平等なものなのに、人によって人生に不公平が生まれるのはなぜかというと、時間の使い方が違うからです。

1日は秒に換算すると8万6400秒。その1秒1秒で1日が決まります。1日は24時間、1年は8760時間。5年後には4万3800時間。それが何年何十年と積み重なっていくと、どうなるでしょうか。

時間を大切に有効に積み重ねていった人と、ただダラダラと無意味にすごした人では、気

づいたときには埋めようがない格差が生まれているのです。

私は、独立を希望するサラリーマンに対して、そのやり方を教えたり、相談に乗ったりしています。その中のひとりAさんは、金融系の会社に勤めていましたが、その後プライベートバンカーとして独立しました。今では、本業時代の数倍の収入を得て活躍していきます。

私は、専門家として独立したいと考えている方には、まずブログやメルマガなどを書くことをおすすめしています。自分の知識を体系化することでノウハウになりますし、自分の専門知識や文章力をPRするメディアにもなるからです。

Aさんは、専門家としては知識が未熟で、文章もあまり上手ではありませんでした。しかし、私の助言に従って、必ず1日1ページ記事を書いてブログを更新する作業を自分に課しました。

毎日、出社前の1時間、近くのカフェでブログを書き、アップします。

こうして1年で365ページ、2年目には700ページを超える読み応えのあるブログができました。さすがに毎日書いていれば、知識も身についていきます。文章もうまくなりました。書くスピードも速くなります。次第に多くの読者から愛されるブログに成長しました。

あるとき、そのブログを読んでいる編集者から連絡がありました。ブログの内容を書籍として出版したいという話です。その編集者の手引きで書籍を出版しました。

さらにその本を読んだというセミナーの会社から声がかかり、定期的にセミナー講師もできるようになりました。参加者からは資産運用の相談を持ちかけられ、中には資産を預けたいという人も現れるようになりました。

Aさんは継続的にクライアントが獲得できるようになり、収入が安定するようになったところで会社を辞めて独立しました。こうして預かり資産数十億円の売れっ子の独立系プライベートバンカーになったのです。

一方、彼と同じ時期に私のもとで学んでいた人の中に、やはり金融系の会社勤務のBさんがいました。彼は、Aさんより年齢も役職も上でした。

私は、Bさんにも同じアドバイスをしました。しかし、Bさんはブログのようなものは格下のメディアと考えていて、むしろ自分は本を書きたいと出版社の知り合いを訪ね歩いていました。

その後3年経ちましたが、今も本を出すこともなく、サラリーマンとして働いています。最近、リストラの対象になってしまったとのことで転職先を紹介してほしいと頼まれました。

与えられた時間はまったく同じ。時間は公平です。

でもその時間をどう使うかで、人生が天と地ほどに開いてしまうことがあるのです。

効率的に働く人だけが勝つ時代

稼ぐ人はなぜいつも余裕があるのか

昔の日本では、一生働くのは美徳、という考え方がありました。もちろん働きたい人は働いたらいいいと思います。でも「働かなければいけない」と押しつけるのはダメだと思うのです。

私は仕事には2種類あると思います。一つは趣味ややりがい、生きがいとしての仕事。これはいくらでもやればいいと思います。時間や効率など考える必要はありません。

しかし、食べるためだけにやるような仕事をする時間は、減れば減るほどいいと思っています。

「貧乏暇なし」という言葉があります。これは本当で、実は忙しい人はあまり稼げていいないのです。

暇な人のほうが稼いでいます。

その証拠があります。

起業家や経営者を対象にした私の勉強会で、出席率とその人の会社の利益率の相関関係を調べたことがあるのです。そこでわかったのは、出席率が高い人のほうが、高い利益を得ていたということだったのです。

「忙しいから欠席します」という人は総じて稼げていません。なぜなら、彼らの多くは時間を切り売りして稼いでいるからです。だから、売り上げに直結しない勉強会などの活動に顔を出せないのです。しかし、それでは、儲かりません。

稼いでいる人は、自分の時間を切り売りしていません。

つまり稼働時間と売り上げ・利益が比例していないのです。

むしろ、勉強会で知り合った人脈を生かして顧客を開拓したり、新規事業に着手したりすることで売り上げや利益を大きく伸ばしているのです。

1日は24時間しかありませんし、人間ひとりがフルに動いて得られる労働の単価などたかが知れています。

自分の労働時間をお金に換えているうちは稼げないのです。いかにして働かずして、お金を稼ぎ、成果を出すのかということを考えられないと、「貧乏暇なし」の世界からは永遠に抜けられないでしょう。

サラリーマンの大事なスキルは働かないこと？

私が時間割をつくって何をしようとしているのかというと、労働時間の圧縮です。時間割によって、時間を効率的に使い、労働時間を圧縮するのです。

でもせっかく空いた時間を、意味のない仕事にあてるとしたら、時間割を工夫する意味がありません。

私はかねがね思っていることがあるのですが、それは、多くのサラリーマンにとって大事なスキルはいかに短時間で仕事を終えるかだということです。

なぜなら、多くのサラリーマンの場合、その人のパフォーマンスと給料が必ずしも比例しないからです。給料が変わらないのなら、働く時間を短くするしか、本人にとっての生産性を高くする方法はないことになります。式であらわすとこうなります。

サラリーマンの生産性＝給与÷投下時間

分子である給与が変わらないのですから、分母である働く時間（投下時間）を少なくするしか、本人にとっての生産性を高める方法はないということが、この式で一目瞭然です。

もちろん、サラリーマンには拘束時間がありますので、仕事を早く終えても早く帰れません。また、「残業すれば残業代が出るので給与は増やせる」というご意見もあるでしょう。しかし、「働き方改革」や在宅勤務の普及で、こうした雇用は改められていくと思われます。


トマ・ピケティの『21世紀の資本』という本をご存じでしょうか。あの分厚い本を全部読んだという人は少ないと思いますが、あの内容をひと言で言うと、どの年代の、どの国の、どんな仕事でも、結局は投資にかなう労働はない、という結論です。

財産の成長率は、賃金の成長率を上回ります。投資すればするほど財産は増える。その成長率は、つねに給与所得者の賃金が上がる率を上回るというわけです。

大事なことは、**稼ぐためには労働しているだけではダメ**だということです。

これから労働の価値はどんどん下がっていきます。時給換算できるような、単価の安い仕事をやっているだけでは豊かになれません。その傾向はさらに加速していくと思います。

いい加減な〝時間づかい〟が招く残酷な未来

「働き方改革」をとってもそうですし、「リモートワーク」が広がっている現状を見ても明らかなように、これから時間の管理は本人にゆだねられるようになっていきます。またそうならなければいけないと思います。

となると、**長時間ダラダラ働くより、短時間で効率よく終わらせられる人のほうが、価値が高くなります。**

またそういう人は、空いた時間を健康に投資したり、交遊関係に使ったり、それこそ株や不動産などに投資することで、幸せにつながる資産をどんどん増やしていけます。

一方で、同じように個人の裁量にまかせた仕事をふられても、ぼんやりダラダラ仕事をしているだけだと、10年たったときにものすごい差がついているでしょう。

今までは職場にいなければいけなかったので、それほど大きな差はつかなかったかもしれません。職場にさえいれば、給与の保証もありましたし、年金ももらえました。会社丸抱えで、次の就職先まで面倒を見てくれる時代もあったのです。

でも今はそんな時代ではありません。10年たったとき、短時間で効率よく仕事を終えられる人とそうでない人との間にはおそろしいほどの差がついています。

おそらく後者の場合、気がつくと不健康で孤独、お金もないというおそろしい末路が待っているかもしれません。

「残酷な未来」というのは、そういうことです。

気づいたときには、もう遅い。

いい加減な〝時間づかい〟には、思わぬしっぺ返しが待っているのです。

この章のPoint

1 お金より時間のほうが重要

2 頑張るだけムダな時代がやってくる

3 成果を出す人ほど定時に帰ることを意識する

4 時間割はなるべく働きたくない人にこそおすすめ

5 時間の使い方が天と地ほど人の人生を分ける

第1章

Chapter 1

なぜ、あなたはいつも時間がないのか？

人に時間を奪われてはいけない

いつも時間がない人の共通点

自分の生活のすべてを仕事に捧げたいと考える人は多くないと思います。

それなのに時間がなくて、いつも仕事に追われ、結果的に仕事ができていないという人がいます。そういう人は、永遠に自由で幸せな人生にはたどりつけないと思います。

なぜなら「いつも時間がない人」は、自分のために時間が使えないからです。

未来の自分を豊かに、幸せにするために、時間を積み重ねていけていないからです。

「時間貧乏」は「お金貧乏」であり、「幸せ貧乏」でもあります。

どれだけ自分のために時間が使えるかが、幸せな未来を実現するために大切なことです。

「いつも時間がない時間貧乏な人」には共通する特徴が三つあります。一つめは、

1．人のために生きている人

要するに、他人に時間をゆだねている人です。

前にも述べたように、出社時間、退社時間にしばられて、1日の時間が決まってしまう人はその典型です。

出社時間が9時だから、それに合わせて自分の睡眠時間や起床時間を設定したり、退社時間も上司や会社の都合で決まったりするといった、一見、当たり前の日常は、実は他人に時間をゆだねている生き方にほかなりません。

自分が常識だと思っている時間の使い方も、実は自分の時間を他人にゆだねる生き方、つまり人のために生きる生き方を歩んでいるにすぎない可能性があるのです。

人のために生きている限り、自分のための人生は実現できません。

常識といえば、**会議や打ち合わせの時間を自動的に「60分」と決めていないでしょうか。**

本当に60分が必要でしょうか？

打ち合わせが30分で終わっているのに、決めた時間が1時間だから、何となく世間話をして時間を延ばす。その時間はもったいないと思います。

私の場合、接客はだいたい30分で切り上げます。部屋は1時間押さえておいて、万一の場合、延長できるように余裕は取ってありますが、押さえた部屋の時間に合わせて、自分の時間を削って接客をするような本末転倒な時間のムダづかいはいっさいやりません。

飲み会の時間も「2時間」が多いと思います。もちろん2時間やりたければやってもかまいません。でも自分が必要ないと思ったら、無理して2時間費やす必要はありません。

私の場合、歓送迎会や忘年会など、**あらかじめ決められた行事の飲み会以外は行きません**。突然誘われた飲み会も、基本断ります。ましてや、勢いで2次会に行くことはぜったいにありません。

みなさんの中には上司や仲間に誘われて、流れで2次会に行く人が多いかもしれません。しかし、それこそが人のために生きている証拠です。

私が、社会人のときに流れで2次会に行くような生活をしていたら、中小企業診断士の資格を取得するために必要な1000時間は捻出できなかったでしょう。

理想の1日をイメージしよう

これが時間割だ！

どうして他人に流されてしまうのかというと、理想的な1日のイメージを持っていないからだと思います。「いつも時間がない人」の共通点の二つめは、

2．理想的な1日のイメージがない

ことです。

たとえば私の場合、こんな1日をすごすという時間のイメージ（**まさにそれを書き出したものが時間割です**）を持っています。

口絵に示したのが私の理想的な1日のイメージ、すなわち時間割です。

まず朝6時に起きて、ウォーキングをしてから7時に朝食。情報収集などをしたあと午前中は集中できる時間なので、企画書をつくったり、原稿を書いたり、自分のメルマガを書くといった「アウトプット」の仕事をします。

午後は人に会う時間。アポイントメントは基本的には午後にしか入れません。夕方はジムに行ったり家族と過ごしたり、自分のために使う時間です。


大事なことは、この「理想的な1日」がかなり先まで決まっていることです。

私はグーグルのカレンダーを使っています。くり返す設定にすると、入力した項目が自動的に翌日以降も入っていきます。

朝食は死ぬまで食べ続けるでしょうし、睡眠時間は死ぬまで取る必要があります。ジムも今のところ、ほぼ毎日行くつもりですし、「インプット」「アウトプット」の時間帯もできれば変えたくないと思っていますので、当面はこのままになる予定です。

つまり、理想的な1日は、おおよその骨組みが変わらないわけです。だから決まった項目を自動的に入れ込んでくれるグーグルカレンダーがとても重宝します。私は自分のカレンダーを見て、空いているところにその日の予定を入れていくだけで日々の時間割づくりを済ませています。

もちろんこの時間割どおりにすごすべきかどうかは、直前に判断して変えればいいですし、当然、なかなかこのとおりにはなりません。また、ライフスタイルが変われば、1日の骨組みも変えていくことになると思います。

でも**1日の理想のイメージを持っているのと持っていないのとでは、1日の過ごし方が変わります**。

会社勤めであれば、上司に誘われてどうしても2次会に行かざるを得ないときもあるのかもしれません。そんなときも理想の型を持っていれば、「今日は理想に8割しか近づけなかったな」と検証することができます。

理想の1日と照らし合わせてふり返りをしながら毎日をすごすのと、無自覚なままただ流されて毎日をすごすのとでは、10年後、20年後にとんでもなく大きな差になっていくでしょう。

1週間単位の時間の使い方もプランニングする

くり返しになりますが、大事なことは理想型を持っていることです。家を建てるのにも、設計図がありますす。同じように人生にも設計図があってしかるべきだと思います。設計図もなく、やみくもに柱を立て、釘でトンカチやっていても、思っていたとおりの家は建ちません。それと同じで毎日漫然と生きていても「自由で幸せな人生」は手に入らないのです。

1日の理想型は、「こうなりたい」という人生の完成形に向けての設計図です。時間割は、それを形にしたものといえるのです。

理想の1日がイメージできたら、理想の1週間も計画します。

食事や睡眠、入浴、散歩などは、「日課」というように毎日行います。一方で、会議や打ち合わせ、ジムや習い事など週単位の予定もあるはずです。特に、社会人であれば、週末というように休みが週単位であるはずです。

また「あの資料をまとめてこの日に整理しよう」とか「本棚を整理する雑用はこの日にやろう」などといった予定も、あらかじめ計画しておかないと、いつまでたっても対応できません。

こうした作業も、1週間を見とおして空いた時間を見つけ、組み込むことで計画的に取り組むことができます。だから**「理想の1週間」をデザインすることがゴール**になります。

人生の完成形に向けた理想の1日のイメージと、おおざっぱな1週間の時間の使い方のプラン。この二つがまったくない人は、「いつも時間に追われている人」になります。

なお1日単位と週単位の時間割のつくり方については後述します。

生産性の高い人がしないこと

「重要でないこと」は意外と多い

「いつも時間がない人」の共通点の3番目は、とてもシンプルです。

3．やるべきことが多い

「忙しい、忙しい」と言っていても、よく精査してみると、大したことをやっていないということはよくあります。

たとえば、探しものをする人は少なくないと思います。大塚商会の調査によると、ビジネスパーソンは年間約150時間、労働時間の実に1割近くを探しものに費やしているそうです。

「あの資料はどこにしまったっけ」とか「連絡先はどこだっけ」とか、「ふせんが見つからない」とか「あの言葉はなんだっけ。検索してみよう」という具合です。さらには「今日、何、着ていこう」と悩むこともあると思います。ネット検索していて、関係ない別のことにどんどん深入りしていくのも、広義の探しものに含まれます。

資料やデータをちゃんと整理しておく。ムダなネットサーフィンはしない。着ていく服は前日に決めておく。それだけでよけいな探しものに時間をとられなくてすみます。

また段取りが悪いのも、やるべきことを増やす一因になります。

よく「二度手間」といいますが、1回ですむことを二度も三度もやっていれば、時間も足りなくなるでしょう。気づけば「いつも時間がない人」になってしまいます。

やるべきことが多いと、生産性が下がる

よく、忙しくて時間がない人は、仕事ができる人と勘違いされがちです。

しかし、そんなことはまったくありません。やるべきことが増えれば、作業効率は下がるからです。

ピーター・ドラッカーは**「成果をあげていない人のほうがよく働いている」**と言っています。

理由は、成果のあがらない人ほど、仕事に求められる時間を過小評価しがちだからです。また、彼らは複数の仕事を同時進行しようとするからです。

性質の異なる作業を同時にいくつもこなそうとすると効率が落ちます。しかし、ビジネスパーソンの典型的な1日を考えると、朝から上司に報告したり指示を仰いだり、取引先のメールに対応し、資料をつくり、その間に会議や打ち合わせに参加し、クレーム対応をし、部下の相談にまで乗ったりしています。

こういう人は、一見できるビジネスパーソンに見えますが、一つひとつの仕事の効率は決してよくありません。ミシガン州立大学の実験でも、複数の仕事を同時にこなそうとする人は、一つの仕事に専念する人よりも生産性が25%も低かったそうです。

また、内閣府の調査「ワーク・ライフ・バランス社会の実現と生産性の関係に関する研究」によれば、1人当たりの労働時間が10%減少すると、1時間当たりの労働生産性は25

%高まる、と報告されています。

つまり作業量が減れば、生産性はあがる。作業量が増えれば、生産性は下がるのです。

考えてみれば、当たり前ですよね。やることが多くなって、忙しくなれば、それだけ集中力が落ちます。脳の働きも下がってきて、後半になればなるほどパフォーマンスが落ちてきます。

さらに自分のキャパシティを超えてくると、ストレスがたまって、体調がくずれる。どんどん生産性が低くなるので、成果も出なくなるというわけです。

あれもこれもやろうと思って、仕事量を増やしてしまうと、一つひとつの成果も低くなっていくだけです。

少ないことを集中してやったほうが、より早く仕事は終わるのです。

だから作業量はできるだけ減らしたほうがいいのです。

長く職場にいて、たくさん仕事をするほうが、高く評価される時代が続いていましたが、これからはそういう時代ではないのです。

「いやあ、仕事が多くてね」と自慢げに言う人を見たら、「いやあ、仕事をこなす時間が遅くてね」と言っているのと同じだと思いましょう。

生産性が低い人にならないために

これからの世の中は、生産性がとても重要になってきます。どれだけたくさんの量の仕事をこなしたか、ではなく、どれだけ短時間に質の高い仕事ができたか、生産性に評価のポイントが移っていくでしょう。

要するに、できるだけ働かずに、成果をあげられる人が高評価を得るのです。

しかし現状ではあいかわらず、長時間働いて、実は成果もそれほどではない、生産性が低い人が幅をきかせている職場もあります。

自分の職場がまだ旧態依然として、そういう人たちがたくさんいるなら、彼ら彼女らを反面教師にして、そうはならない方法論を学んでいく勉強の場にしてしまうのもいいでしょう。

生産性が低い人の特徴は、全体を俯瞰するプランがなく、ゴールも設定されていないことです。

サラリーマンの仕事でも、だいたい「いつまで」という期限は決まっています。でも、「これだけの時間内にこれだけの仕事をやる」ということを意識して、時間を使っている人はあまりに少ない気がするのです。

冷静に考えたら、毎日仕事に割ける時間は決まっているはずです。だからその時間を意識して、プランを立てる必要があります。

今の私の場合、仕事に割く時間は1日に最大でも7時間と決めています。それは自分の人生の中で色々とやりたいことがある中で、仕事に費やせる時間がどれくらいかを計算して出した数字です。週に直すと最大35時間くらいが仕事に割ける時間です。

それ以上は絶対に働かないという気持ちでいます。ただ、残念ながら実際にはオーバーすることもあります。

それでも目安としては、そういう〝予算〟を設定して仕事をしています。そうすると、効率よく仕事が進みます。

お金でも、使うときは上限を定めて、「この予算内でやりましょう」と決めるはずです。

それなのに、時間は無限に使えると思ってしまうのは不思議です。お金も時間も同じです。だから、締め切りを決めて、自分で時間を管理し、決めた時間内に決めた仕事を終わらせるプランをつくることです。それが、生産性の高い仕事をする上で不可欠だと思います。

それからスキルも重要です。

スキルとは、パソコンで言えば、タイピングの速度や、ショートカットキーを使いこなせること、文字入力の予測変換機能を使いこなすことなどです。

生産性が低い人は、概してスキルがありません。与えられた時間の中でこなせる量は人によって違います。スキルが低ければ低いほど、仕事を終えるのに時間がかかることになります。

また、先述のように生産性が低い人の中には段取りを間違えている人もけっこういます。仕事において、手順はとても重要です。これは料理と一緒です。カレーをつくってから、ご飯を炊いていたら、何倍も時間がかかりますよね。

仕事でも、たとえば企画書をつくるにあたって、上司の承認が出るのを待ってから、情報収集をはじめ、その後に関係各所と調整をはじめるといった進め方でなく、すべての作業を俯瞰して最速でできるように段取りを組むことが大切です。

〝大トロ〟の時間帯を意識する

生産性があがらない人で、意外に盲点になっているのが、自分のコンディションを意識していないことです。

私は集中して一人で仕事をするのは午前中と決めています。午前中が一番集中できる時間帯だからです。

午後は集中力が切れるので、人に会ったり、出かけたりする仕事を入れます。自分のコンディションに応じて、そうした配分を上手にしておかないと、生産性はあがりません。

よくあるのが、「この企画書、書くのがしんどいな」とか「報告書をつくるのがたいへんだな」など、ある程度エネルギーを使う仕事を抱えているとき、つい後回しにしてしまうことです。

午前中は何となくやりたくないので、ネットを検索したり、メールを書いたり、グズグズしていて、お昼は、ランチのあとぼーっとウトウトし、夕方くらいに、せっぱつまって重い腰をあげるというパターンがよくあると思います。

サラリーマン時代の私もそうでした。

午前中は前の晩の飲み会でクタクタで、全然仕事をする気が起きません。お昼すぎは、ひたすら睡魔との戦い。ようやくエンジンがかかりだすのは夕方ですが、夜にはまた飲み会が入っていて、「ほとんど仕事をする時間がないっ！」という、まるで生産性ゼロの状態でした。

自分のコンディションを見ながら、時間配分するのが、生産性をあげるには大事です。

魚の刺身と同じです。午前中は私にとって〝大トロ〟です。その時間は集中して仕事をする時間にあてています。

午後のぼーっとする時間は〝赤身〟です。そこはデスクワークをしても能率があがらないので、人に会いに行くか、さっさとスポーツジムに行きます。夕方から夜は、多少疲れてはきますが、締め切り効果も効くので〝中トロ〟といえます。翌日の段取りを考えたり、メールを返したり、インプットをするなどに適しています。

そんなふうに1日の中で自分のコンディションがどのように変化するのかを考えながら、

上手に時間配分していくことが大事です。

また、生産性が低い人の特徴として、全部を自分でやろうとすることがあげられます。なぜ人と一緒に働いているのかというと、役割分担して、効率よく仕事を進めるためです。

みんなで手分けをして仕事をしたほうが、生産性は格段にあがります。だから会社という組織があるのです。それなのに、分担せずに、一人で抱え込んでいるなら、会社はいりません。

成長の鍵は「効率」にある

生産性があがらない人の究極の姿は、そもそも「生産性をあげよう」という意思がない人です。会社にいれば決まった給料がもらえるのであれば、極論すれば働かないのが一番効率がいいといえます。

仮に仕事を速く終えてしまえば、新たに仕事を与えられてしまうのかもしれません。同じ給料なのに、自分だけ人の何倍も働くのはどう考えても損です。だから働かないのが一番という考え方です。

たしかに目先のことを考えればそのとおりかもしれません。

しかし、自分の長いキャリアを考えればそれは大きな間違いです。

なぜなら、歳を取れば誰でもわかることですが、人生の中で最も脂の乗った、1日の中でも最もコンディションのいい時間を漫然とすごすことで、成長する機会を逸してしまうからです。

職場は最高のビジネススクールであり、人生の学校です。

仕事の進め方はもちろん、交渉やプレゼンテーション、上司や同僚や取引先とのコミュニケーション、後輩や部下の育成に至るまで、仕事に必要なスキルについて職場以上に効率的に学べる場所はありません。

海外のビジネススクールなどで学ぶよりも何倍も仕事の能力を高めることができます。

私はサラリーマン時代、独立を考えてからは会社を「ビジネス道場」と考えるようにしました。

しかも、何かあってもたいていは組織が守ってくれます。職場は、失敗の許容度がとてつもなく高いのです。

そんな環境で試行錯誤しながら仕事のやり方を身につけることができたことには感謝しかありません。

思い返せば、組織で学んだことは、その後独立してからの仕事はもちろん、プライベートの交友関係や子育てなどにも生かすことができました。

そう考えると、職場は「ビジネス道場」どころか「人生道場」と言っても言いすぎではないかもしれません。

時々、サラリーマン経験を経ず、いきなり起業して成功する人がいます。そういう人は、ある意味、ビジネスについて天才的な才覚がある人です。しかし、そういう人の中にも、サラリーマン経験がなかったことをコンプレックスに感じている人がいます。

ビジネスの基本を身につける機会がなかったことや、自社の社員や取引先など、多くのサラリーマンとの関わり方がわからないことに悩んだり、苦労したりすることが少なくないからです。

仕事そのものは汎用性のないものだったとしても、そこで用いるプレゼンスキルや文章作成、コミュニケーションといった基礎になるスキルを習得することはできると思います。仮に残念な上司しかいなくても、反面教師として学ぶことはあるはずです。

だからこそ、**就業時間中は全力で、しかも効率的にすごして成長するべき**です。

そして時間内に仕事を終え、会社で過ごす以外の時間もしっかり確保することで、将来のために勉強したり、副業や投資をしたり、人の役に立ったり、堂々と充電したりすることです。

それが、自分にとって理想的な人生をつくる基本なのです。

時間割は理想の人生の設計図

絶望的なムダから逃れるセルフマネジメント

「ムダな時間を重ねて、何も残らない人生」と「自由で幸せな毎日につながる人生」の違いは、自己管理、つまりセルフマネジメントにあります。

自分の時間を自分で計画して、自分で実行する。時間のＰＤＣＡ（プラン・ドゥー・チェック・アクション）ができているかどうかが、分かれ道になります。

どうすればそのセルフマネジメントが上手にできるようになるのかというと、その切り札として紹介したいのが、まさに本書のテーマである時間割です。

そのためには、まず**自分にとっての「理想の人生」をあらかじめ描いておくことが重要**

です。そうしないと、そこに向かって努力も行動もできません。

次に、何かをつくりあげるには、必ず設計図が必要です。

それが時間割です。

時間割をつくれば、目標に向かってムダなく進むことができるのです。

もし自分に自信がないという人であれば、そんな人こそ時間割をつくることをおすすめします。

ムダな時間を〝見える化〟する

時間割を意識すると見えてくるものがあります。

それはふだん自分がいかにムダな時間をすごしているか、ということです。

私の友人は、私にすすめられて時間割をつくることを決意しました。その準備段階として、自分がどんなことをどれくらいしてすごしているか、1日をどのようにすごしているのかを知るために、自分の1週間を記録してみました。

すると色々な気づきがあったそうです。

たとえば、夜の7時と9時と10時にニュースをチャンネルを変えて3回も見ていることに気づいたといいます。情報収集のために、ニュースを見ているつもりでいたのですが、同じようなニュースを別のチャンネルで3回見るという、おそろしくムダな時間をすごしていたことが、はっきり〝見える化〟したのです。

友人は自分では効率的な時間のすごし方をしているつもりだっただけに、この結果には驚いたと言っていました。

これは家計簿をつけるのと似ています。

自分では節約して、切り詰めて生活しているつもりだったのに、**家計簿をつけてみたら、ムダづかいがたくさん見つかったという人はたくさんいる**ものです。

あなたも時間割をつくる前に、まず自分の現時点での1日のすごし方を1週間単位で時間割の形式に落とし込んでみてください。

きっと時間のムダづかいがたくさん見つかるはずです。

その悩み、時間割が解決します

人に振り回されずにすむ

時間割があると悩みが少なくなります。理由は４つあります。

1．自分の暮らしを自分でデザインできるから。
2．行動する前にいちいち考えずにすむから。
3．やる気や感情に左右されないから。
4．抜けやムラやムダがなくなるから。

一つずつ説明します。**1**の自分の暮らしをデザインすることについてです。

時間割は自分でつくります。つまり自分の理想的な1日のすごし方を自分でイメージして時間割をつくるわけです。

「こんな1日にしよう」「こんな人生を送ろう」と理想型をイメージし、それを具体的に形にしたものが時間割です。

それにしたがってすごすことで、**他人のためではない自分のための時間がすごせるようになります。**

時間割は、なりたい自分になるための「予定表」ですから、自分の暮らしを自分でデザインすることができ、他人にふり回される悩みも解消されます。

すぐ行動できるようになる

2の「いちいち考えずにすむ」は、計画を立てても、行動できないという悩みを解決してくれます。人が行動できないのは、まず「何をするか」から考えようとするからです。そのたびに「どうしよう」「面倒だ」という感情にとらわれる人もいます。

考えてしまうと、すぐに行動に移ることができません。物事が進まず、ますます考え込み、悩みは深くなるという負のスパイラルに落ち込みます。

考えずにすめば、悩むことなく、さっさと行動に移すことができ、物事の処理が進みます。時間割をつくることで、行動のたびに考えなくてすむようになります。

その結果、即行動できるようになるわけです。

そのいい例を紹介しましょう。何を隠そう、私自身のことです。

私は毎朝欠かさずウォーキングをしています。中学生のころにはじめ、途中でやめたりしつつ、35歳になったころからは毎日続けていますので、かれこれ20年は続けています。

「偉いですね。そんなに長く、毎朝続けるなんて」と言われますが、そんなことはありません。

私の時間割には朝6時になったら「ウォーキングをする」と書いてあります。そう決まっているから歩きはじめるだけです。

毎日出かける前に、その意味や効果を考えたりしません。まして、自分が偉いかどうかなど、考えたこともありません。そんなことをいちいち考えていたら、こんなに長く続かなかったと思います。

出かける前に「今日は暑いから、熱中症になるかも」とか「今日は寒いから、風邪を引くかも」とか「今日は風邪気味だから、無理して歩いて、熱が出たらたいへんだ」とか「ここまで頑張らなくていいんじゃないか、誰も見ていないし」などと考えてしまうと、「じゃあ、やめよう」ということになってしまいます。それが続くことで、やがて億劫になってやめてしまうのです。

そうではなくて、6時になったら何も考えずに着替えて、家を出て、歩きはじめるのです。そう決めてあるので、何も悩まずに6時になったらウォーキングをはじめるのです。そうするからこそ続けられるのです。

プログラミングされたロボットのように動く

これは3の感情に頼らないこととも関係します。私のウォーキングは毎朝6時からはじめるように時間割に組み込まれているので、朝6時になったら、自動的にウォーキングをはじめます。まるでロボットのようにプログラミングされているわけです。

そうすると、感情に左右されないですみます。

「夏までにやせたいから、頑張るぞ」とやる気だけで乗り切ろうとしても続きません。続けるうちに「やせるのは冬まででいいか」などと別の意識が頭をよぎってくるからです。

感情に依拠するモチベーションややる気など、モロいものです。

平気で上がったり、下がったりして、下がったときにはひどく落ち込むという、とんでもなくやっかいなしろものです。まして、同じ感情を何十年もいだき続けることなど、どんなに意志の強い人であっても、できるものではありません。

私も偉い人の講演を聞いて、とてもいい話だと思い、「よし、やるぞ」と決めても、3日も続きません。そしてモチベーションが下がると「すぐ投げ出すとは、なんてダメな人間なんだ」と落ち込んでしまいます。

でも、やる気にはムラがありますし、徐々に下降線をたどり、やがてなくなってしまうのは当たり前なのです。

落ち込んだり悩んだりしないためには、**モチベーションが高くて、「やるぞ」と決めたときに、「やるべきこと」を決めること**です。

さらに「いつ」「どれだけやるか」を決め、それを時間割に入れ込むことです。そうすることで自分にプログラミングしてしまえばいいのです。

それができれば、私のウォーキングと同じように、苦しいとか、つらいとか考えることもなく、何年でも自動的に続けられるようになるのです。

驚くほどミスがなくなる

4の、時間割をつくると抜けやムラ、ムダがなくなって、ミスが防げる。その分悩みも少なくなるという点について説明しましょう。

時間割をつくることは、時間をデザインすることです。

自分が何をいつやるべきかを計画することです。その際、抜けやムラ、ムダが排除できます。

たとえば、支払いや納税の予定などはあらかじめ決まっているものが多いものです。これを時間割に組み込みます。原稿の締め切りなども決まった時点で時間割に組み込んでしまいます。

ニュースを見る時間も決めておけば、私の友人のように、同じニュースを1日に3回も見ることはなくなりますし、その結果、今まで以上に時間を有効に使えるようになります。

また、抜けやムラ、ムダがなくなればミスが防げることも時間割のメリットです。

「何を」「いつ」やるか、あらかじめ計画しておかないから抜けやムラやムダが生まれるのです。

それが、大きなミスにつながります。

知り合いの部下で、いつも小さなミスをくり返し、問題を起こしている人がいました。

上司から頼まれていた資料を用意するのを忘れたり、メールチェックを怠ってお客さんに返事をせず、クレームになったりするそうです。

知り合いが「困ったもんだ」と悩んでいたので、時間割をつくらせるようアドバイスしたところ、メールチェックや仕事の準備の時間をしっかり確保するようになり、ミスが少なくなったそうです。

時間割が面倒くさいあなたへ

時間割で堂々とサボろう

時間割は仕事をもっと効率的にバリバリ進めたい人におすすめですが、実は私はその真逆の人、仕事にやる気がなかったり、ダラダラしたりしがちな人にこそ、ぜひ時間割をつくってもらいたいと思っています。

なぜなら時間割があれば、胸をはって、堂々と、ダラダラ怠ける時間をつくれるからです。

時間割をつくらなければ、怠け者の人は、やるべきこともせずにダラダラすごしてしまいます。そして最後は時間に追われ、たいへんな思いをして、仕事の帳尻を合わせることになります。いつもそんなたいへんな思いをしていると、よけいに仕事をする気がなくなってしまいます。

でも時間割をつくり、ダラダラする時間もしっかり確保しておき、それをとことん味わうために仕事を終わらせれば、何の心配もなく、至福の「怠け時間」が迎えられるのです。

つまり**最高の自由時間を捻出するために、時間割をつくる**のです。

怠け者の人は時間割がなければ、いつも自己嫌悪と罪悪感を抱えながら、ダラダラと怠けているしかありません。

それでは楽しくないと思うのです。時間割をつくって、だらける時間を決めておけば、正々堂々と、気持ちよく、胸を張って「怠け」を楽しめます。だから時間割は怠け者の人にこそつくっていただきたい、と私は強く思います。

「時間割って息苦しくないですか？」

怠け者の人にこそ、時間割を！と力説していたら、怠け者を自認する人たちからこんなふうに言われました。

「『時間割』って息苦しくないですか？　決められた時間どおりに動くのは苦痛だと思うんですけど」

そうでしょうか？　ちょっと待ってください。

その時間割を決めたのは自分ですよね？　人が決めたものに従うのは苦痛かもしれませんが、自分がやりたいように決めたことなら、苦痛ではないと思うのです。もし苦痛だと思うなら、自分で修正していけばいいだけです。

それに時間割であらかじめ「やること」を決めてしまえば、いちいち「やるべきこと」をあれこれ考えないですむので、楽ではありませんか？

ダラダラする楽しい時間を確保するために時間割をつくるので、それがモチベーションになって、時間割どおりに効率よく仕事に取り組めると思うのです。

「時間割をつくること自体が面倒」

「『時間割』なんかつくっている暇がない」という人もいました。でも、一度つくってしまえば、その後時間割をつくるのに割く時間はほんのわずか、数分にすぎません。

その数分を使って時間割をつくれば、自然に、正々堂々と、お墨付きの、合法的な、怠ける時間がつくりだせるのです。

ですから最初は時間割をつくるのはたいへんと感じるかもしれませんが、**だまされたと思ってつくってみてください**。大それたものでなくてもいいので、「1週間、こういうふうにすごすのだ」というスケジュールを立ててもらいたいのです。

そうすると、どれだけ時間を有効に使えるか、そして空いた時間でどれだけ楽しみが得られるかがわかるはずです。

ちなみに私の場合は、金曜日の夕方に翌週の時間割をメンテナンスし、後は毎日寝る前に翌日の時間割を微調整して就寝しています。

時間割どおりにならなくてもいい理由

「時間割をつくってもどうせそのとおりできない」

すると、こんなことを言う人がいました。

「せっかく『時間割』をつくっても、そのとおりできないから、できないのなら、最初からつくらないほうがまし」だと。

たしかに時間割をつくっても、そのとおりにならないことはよくあります。

でも、それでいいのです。

私だって毎日時間割どおりに動けているわけではありませんから。

では何の意味があるのか。それは、本来はこれをやるはずだったという「あるべき姿」があるから「できなかったこと」が明確になることです。「あるべき姿」がなければ「何ができて、何ができなかったか」がわからず、検証ができません。

理想の半分くらいしかできなかったことに気づくことができれば「残りの半分をピッチをあげて頑張ろう」とか、「残りは来週に回そう」など、修正ができます。

遅れたことやできなかったことを、そのままにしておくから、あとでひどい目にあうのです。時間割をつくっておいて、毎日実際のすごし方との差異をチェックしていけば、遅れや未着手の事項も日々チェックできるので、早めに手当ができます。

よく「目標をつくってもそのとおりにできないから、目標なんかつくらない」という人がいますが、**目標にたどりつくのが重要なのではありません。目標に向かって動くことが大切**なのです。

結果的に目標が達成できなかったとしても、目標に向けて動いた過程が財産になります。

目標は活力になる

目標があるのとないのとでは、人生の質は大きく変わります。

たとえば、私は起業のお手伝いをしている関係で、起業を志すビジネスパーソンにたくさん出会います。

彼らの多くは、起業するという夢を見つけたことで毎日イキイキとすごしています。起業の夢を熱く語り、そのために必要な情報を収集し、同じ夢を持つ仲間と語らったりして、毎日を楽しくすごしています。

しかし、彼らの中には起業の夢を持つまで、会社の仕事にやりがいを持てず、趣味もなく、家庭にも居場所がなく、毎日淀んだ目をして彷徨《さまよ》っていた人が少なくないのです。

それが、起業という**目標を見つけたことで、毎日の生活に活力が戻った**のです。

もちろん、起業を志す人の全員が起業できるわけではありません。

しかし、生き生きした時間をすごした事実は変わりません。

たとえ起業できなくても、そのときの学びや交流、経験を買われて、別の会社から声がかかって転職できたり、職場で実績をあげて評価されて本業で花開いたり、後輩や部下、家族から見直されたりする人もいます。こうして生活が上昇軌道に乗る人はいくらでもいるのです。

もちろん、目標は起業である必要はありません。資格を取るとか、転職するとか、スポーツのプロテストに合格するとか、自分が心底望んでいることであれば何でもいいのです。

大事なことは、目標に向かって行動することです。

その行動をいつ起こすのか、いつまで続けるのか、それを決める必要があります。

それでもどうしても面倒くさい人へ

「時間割をつくるのは面倒だ」とか「つくってもどうせ守れないから意味がない」とか「束縛されるようで嫌だ」と思う人は、自分自身にこう問いかけてください。

「もし、『時間割』をつくらないと、きっと10年後も今と同じように時間に追われて自由がない自分がいることになるが、それでもいいのか」と。

「好きなことを好きなように、好きなだけやる自由な人生」を手に入れたいと思うなら、「そのためにやらなければならないのはこれとこれだ」というふうに決めることです。それを毎日の時間のすごし方の中に盛り込んでいく必要があります。

たとえば「マイホームが欲しい」と、つぶやいているだけでは永遠に手に入らないのと同じです。手に入れるためには、その家を購入するための資金が必要です。頭金がいくら必要で、その金額を手に入れるにはどうしたらいいのかを考える必要があります。積み立ての額を増やす必要があるかもしれませんし、今の会社の給料では難しければ転職する必要があるかもしれません。

いずれにしろ、具体的に動き出す必要があるのです。たとえ少額の積立貯金でも、長く続けていれば、やがて大きなお金になります。それを今からはじめて続けるからこそ、いつの日か家が買えるようになるのです。

目的達成も同じです。

達成のためには何が必要で、そのために何をすべきか知るべきです。

そして、その行動を継続することです。

小さな行動も継続すれば大きな力になります。

毎日続けていれば、必ず大きな自由が得られます。

それを続けるために不可欠なもの、それこそが時間割というわけです。

この章のPoint

1 まずは「理想の1日」をイメージしてみよう

2 職場は〝実験の場〟。どんどん失敗して学ぼう

3 時間割をつくるとあれこれ考えずすぐ行動できる

4 時間割どおりにならなくても大いに結構

5 「目標」があることが、日々の質を向上させる

第2章

Chapter 2

時間割が面倒くさい人のはじめの一歩

07:00
09:00
10:00
11:00
12:00
13:00
14:00
15:00
16:00
17:00
18:00
20:00
21:00
22:00

「やること」を全部書き出す

面倒くさがりやさんでもできる!

「好きなことを、好きな人と、好きなときに、好きな場所で、好きなだけ」やって、自由な人生を送りたい。誰でも一度は夢見る人生です。

そのために必要なのは時間割だということはわかったのですが、でもその時間割すら、つくるのが面倒くさいという、〝筋金入り〟の怠け者がいるのも事実です。

そういう人でも無理なくできる時間割づくりをお教えしましょう。まずは紙を1枚用意して「やるべきこと」を書き出してください。

白い紙に、とりあえず書く。すべて書く。それだけ。

顧問先の会社にも、仕事にとりかかるのが遅く、いつもグズグズしている若手社員がいました。どうやら、やることがあまりにも多く感じられて、どこから手をつけていいのかわからず、テンパッているようでした。

そこで、Ａ４の白いコピー用紙を１枚用意して、「優先順位も所要時間もやり方も、何も考えなくていいから、とにかくやらなきゃいけないことをここに箇条書きで全部書き出してみて」と指示を出しました。

書き出すだけの作業は簡単で、半ば自動的にできます。書き出してみると、いったん気持ちが落ち着きます。

箇条書きを眺めると、優先順位や手順がわかります。その作業をきっかけにすぐ仕事にとりかかれるようになりました。

そして終わったものは線を引いて消すようにしました。こうするだけで彼は、仕事をため込むことがなくなったといいます。

「やらなきゃ」は大きなストレス

なお、参考までに言っておくと、パソコンやスマホで書くより、紙に書いたほうがいいと思います。いろいろな誘惑があって、怠け者はついネット検索をしたり、SNSを見たりしがちです。紙とペンだけ用意して、ひたすら書くほうが集中できます。

箇条書きにしてみると、意外とやることが多くないとわかります。

もちろん、書き出してみたら、やることがものすごく多くてげんなりする場合もあるでしょう。

でも**とにかく書き出せば、ごちゃごちゃしていた頭がスッキリして、それだけでストレスが解消できます。**書き出すという仕事が一つ終わるので、達成感も得られます。

そして書いてみたものをざっくり眺めてみてください。すると「今やらなくてもいいこと」とか「人に頼めそうなこと」とか「そもそもやらなくていいかも」ということが出てきます。

そういうものに○をつけたり、×をつけたり、（　）に入れたりして、振り分けていきます。要は「NOT TO DO」リストをつくるわけです。

すると、どうしても「今やらなければいけないこと」だけが残ります。

まずはそれだけやればいいのです。

終わったら、線で消していきます。

それだけで少しスッキリして、やる気が出てきませんか？

人は「何となく忙しい」とか、「やらなきゃいけないけど、やる気にならない」などとばくぜんと思っているときがいちばん不安で、ストレスがたまります。

お化けと一緒ですね。実体はよくわからないけれど、何となくこわいと思っているからこわいだけ。実はお化けの正体はススキの穂なんだよ、と実体がわかれば、それほどこわくないし、対策も立てられます。

「やること」「やらなくていいこと」を書き出すことによって、「やること」の実体が〝見える化〟できるので、はじめの一歩が踏み出せます。

「ざっくり時間割」からはじめよう

前日の夜か当日につくる

「やるべきこと」が整理されたら、それを「どれくらい時間をかけてやるのか」「いつやるのか」考えます。そしてそれを紙に書き出していきます。これだけで「ざっくりした時間割」の出来上がりです。

本当は時間割は1週間単位でつくるのですが、慣れないうちは1週間分をつくるのはけっこうたいへんかもしれません。

そこでまずは**明日**（あるいは今日）**どうやって時間をすごすのか、1日の計画を立てて紙に落とし込んでみる**のです。

就業時間が9時から17時までなら、その間の8時間だけでいいので、まずはやるべきこ

図1　ざっくり時間割

09:00　出社

09:00
↓ メールのチェックと仕事の準備
09:30
↓ 提案書の作成
10:30
↓ 見積書の作成
11:30
↓ ランチ
12:30
↓ メールのチェック。午後の会議と商談の準備
13:00
↓ 社内会議
14:00
↓ 取引先で商談
16:00
↓ メールのチェック。報告書の作成
17:00
退社

Point

手書きのメモ程度でOK！

とを書き出してみましょう。これが時間割の第一歩です。

図1くらいの簡単なものでかまいません。翌日は、「ざっくり時間割」にそった行動をしてみます。

当然、そのとおりにできないこともあります。私の場合はなぜできなかったのか、横に書き出して反省し、次の日に生かすようにしています。

面倒くさければ、そこまでしなくてもかまいません。

でも、ふり返りをすることは大事です。

家計簿でもただ出費を記録するだけでは何の意味もありません。最初に出費の見積もりを立てた上で、何にお金を使ったか、検証し、先月と比較するなど、ふり返りをするから、ムダづかいがなくなり、お金が貯まるのです。

「ざっくり時間割」をつくるだけでなく、実際に何ができて、何ができなかったか、ふり返りをして、自分の実情に合わせた微調整をしていくことが大事です。

面倒くさがりやの人や計画がうまく立てられない人でも、「ざっくり時間割」をつくっておくだけで、心の安定になります。

時間をまったく意識していなかったときより、ダラダラする時間が確実に減ってくるでしょう。

「すぐやること」を見極める

「ざっくり時間割」づくりの〝落とし穴〟でよくあるのは、優先順位を間違えて、重要なことをやる時間を取っていないことです。

目の前のことしか見えなくなるとありがちですが、あまり重要ではないことに、時間をかけて取り組んでしまい、肝心の重要なことに取り組む時間が残っていないことが往々にしてあります。

そうした事態を防ぐために、列挙した「やるべきこと」を「緊急性」と「重要性」で分けていきます。その分類にそって、優先順位を決めていきましょう。

おすすめなのは座標軸を使ったマトリックスをつくることです。これはスティーブン・R・コヴィー氏が考案したタスク管理法です。横軸は「緊急度」、縦軸は「重要度」、に定めて、それぞれの「やるべきこと」をマトリックスに入れていきます。

たとえば「明日の会議の資料づくり」は、「重要かつ緊急なこと」です。マトリックスの「重要かつ緊急」なAゾーンに入れます。

でも「年間計画の作成」は、まだ締め切りまで猶予があるなら、重要ではありますが緊急ではありません。それは「重要だが緊急ではない」Cゾーンに入れます。ここに入る仕事は、重要ですが、すぐにやる必要はないものです。独立の準備など、未来にやるべき重要な作業もここに入れておきます。

「明日切れてしまう定期を買う」といったことは、緊急ではありますが、それほど重要なことではありません。これは「緊急だが重要ではない」Bゾーンに入ります。

そして、緊急でも重要でもないものは、Dゾーンに入れます。たとえば「SNSのチェック」とか、「乗り気でない飲み会への返信」などが相当します。

Dゾーンに入れたものは、無視してもいいものです。なぜなら緊急でも重要でもないからです。

さて、ここからが大切です。

最優先すべきもの、つまり**「重要かつ緊急なこと」は、時間割の中にきちんと確保すること**です。

図2 緊急性と重要性のマトリクス

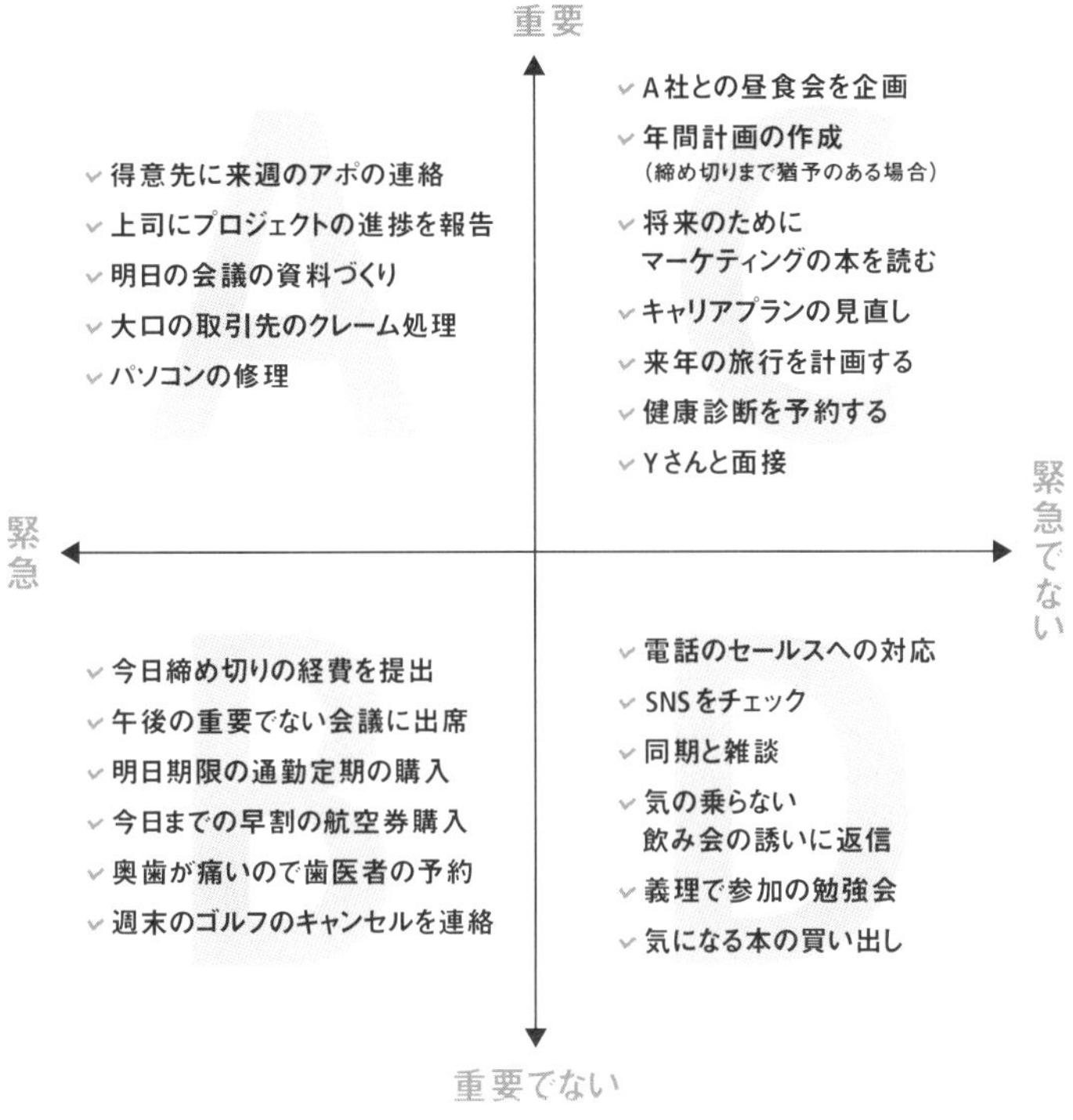

Point

Aゾーンのタスクは必ず時間を確保する

特に、集中力などを必要とする仕事の場合は、他の仕事に邪魔されず、しっかり集中して取り組める時間を確保してください。

そして、最優先すべき仕事は期限までに必ずやり切ります。

こうすることで、期限に間に合わせようと徹夜をしたり、期限ぎりぎりになってやっつけでつくったものを提出したり、まったく着手できずに信用を失ったり、期日に間に合わなくなるリスクを防げるのです。

なお、優先順位について、補足しておくと、「重要かつ緊急なこと」を最優先でやるのはそのとおりですが、「重要かつ緊急」でなくても、**2分以内で終わるような細かい仕事は即座にやってしまう**ことです。

たとえば、メールに簡単な返事を書く、回覧に判子を押して回す、机上の整理など、重要ではないけれど、瞬時に片付くことはやってしまいます。そうすることで「重要かつ緊急なこと」にじっくり落ち着いて取り組めます。

必ず「バッファ」をつくる

生産性が低い人の特徴は、いつも時間に追われていて、余裕がないことです。そうならないためには、**余裕を持った時間割づくりが重要**です。

たとえば、「企画会議のプレゼンの資料づくり」のうち「PCでテキストを作成する」という作業を60分を使って処理する予定を立てていたとします。

ところが、急に重要なお客さんとのアポが取れて、出かけなければならなくなったとします。その場合当然時間割を修正しなければならなくなります。しかし、キチキチに予定を詰め込んでいると、仕事を動かす先が見つかりません。

そういうときのために、だいたい**1～2割くらいは時間にバッファ**（余裕）**を持たせて時間割をつくっておく**ことです。

また「ものすごく頑張ったら60分で終わりそうだな」と判断した場合、ギリギリ60分でなく、90分の時間割にしておきます。

そうやって時間割にも遊水池のようにバッファを持たせておけば、洪水になって家に水が浸水しそうになっても、遊水池で吸収することができます。

長期的な視点を持つ

すぐに動けない人が時間割をつくるメリットは、とにかく「やるべきこと」を目の前にぶら下げて、決めたとおりにやることで、ダラダラした時間をなくしていく点にあります。

しかし時間割をつくったからといって、安心ではありません。時間割からもれている事柄からとんでもないミスが起きる可能性があるからです。

「重要かつ緊急なもの」「重要ではないが緊急なもの」など、マトリックスに分類して、時間割をつくるやり方は先ほど紹介しました。

しかしここで〝落とし穴〟になるのが、長期点な視点です。

明日やることを書いていく「ざっくり時間割」だと、目先の仕事はこなせるようになりますが、長期的な視点、とくに**「重要だが緊急ではないもの」が忘れられがち**です。

知り合いの編集者で、目先の仕事に目を奪われて、「重要だが緊急ではない」仕事を忘れていたために、後悔している人がいました。

その人は、日常的に降って湧いてくる原稿の整理や校正、取材などの仕事の処理に追われて、大切な著者への依頼を怠っていたそうです。かなりの大型企画ではありましたが、その著者とは長い付き合いだったので、いつでもメールを打てば、承諾がもらえる関係でした。

その甘えもあって、目先の緊急の仕事を優先していたら、他の出版社にその企画を丸ごととられてしまったそうです。

これは「重要だが緊急でない」ゆえに、先延ばしにしたために起きたミスです。

こうしたミスを防ぐために、**「今すぐ」でなくても、「やるべきこと」はすべて書き出しておくのです。**

そしてそれぞれに締め切りも書き添えて、どこか見えるところに貼っておきます。

書き出すだけでも、書かないよりずっとミスが防げます。

それでも体が動かないときの秘策

とりあえずパソコンだけ立ち上げてみる

せっかく時間割をつくったのに、気分が乗らず、どうしてもやる気が出ないときがあります。そのまま時間割をあきらめて放棄すると、またすぐ元のだらしない、でも時間に追われる生活に戻ってしまいます。

だから、気分が乗らないときは、たとえば仕事なら何はともあれパソコンを立ち上げてしまうのが、おすすめの方法です。

そして表題だけ、あるいは最初の1行だけ書いてみるのです。

今日は予算をつくらなければいけないのなら、とりあえずエクセルを開いて、最初の1行だけ書いてみるようにします。

実は一番ハードルが高いのが、パソコンの電源を入れて立ち上げることです。つまり、必要な作業に取りかかること、手を動かしはじめることです。

スタートさえしてしまえば、あとは体が勝手に動いて、一気に仕事が片付きます。

私は、今さらですが、自分のコンサートをやりたいという夢を持ち、日々のノルマを設定してギターの練習をはじめました。しかし、なかなか上達しません。いやになって、弾きたくなくなる日があります。とくに、外でお酒を飲んで帰った日やクタクタに疲れて帰ってきた夜など、「やりたくないな」と思ってしまいます。でもそんなことをしていたら、私のような下手くそは永遠にうまくなりません。

そこで歯をくいしばって1小節だけは必ず弾くことにしています。すると、その勢いで、2小節目も弾け、3小節目を弾け、結局1曲弾ききることができます。興が乗ればそのまま10曲程度弾いてその日のノルマを終えることができます。

これを続けて1年たちましたが、それなりに弾けるようになりました。

同じように、やる気が出ないときは、すぐに終えるつもりで小さなことに着手してみることです。

たとえば、資料をつくらなければならないとパソコンを立ち上げても、ついSNSやニュース記事を読んでしまうということは誰にでもあると思います。

そういうときは、ぐっとこらえて、つくりかけのファイルを開くところまでやる、余力があれば数行でいいから進めておく。

それだけで、時間割に書かれた予定をくずさずに、継続していく力になります。

かったるい仕事は「チャンクダウン」で乗り切る

このやり方は〝かったるい仕事〟を上司や取引先などに押しつけられたときにも応用できます。

かったるい仕事は「いやだな、やりたくないな」とグズグズしていると、ますますやりたくなくなります。「やらねば」「やらねば」と思っているうちに、どんどん重荷になり、気づいたときに期限目前の絶体絶命の状態に追い詰められています。

ですから、とにかく着手だけはしてしまいます。いくらかったるい仕事でも、手だけはつけられるはずです。

私はよく原稿を頼まれるのですが、楽しい仕事ばかりではありません。中にはあまり気乗りのしないものもあります。文章を書くことは、慣れているとはいえ非常に気が重く、負荷の高い仕事です。といって、放っておけば締め切りがどんどん近づいて、残り時間は少なくなる一方で事態は悪化するだけです。

ですから、まずはパソコンと同時にワードも立ち上げて、タイトルだけ書こうと決意します。そうすると、少し前向きな気持ちになるので、もう1歩踏み出して箇条書きで構成をつくるところまでやってみます。

箇条書きさえできれば、そこに肉付けをしていけばいいだけなので、かなり気分が楽になります。あとは書きやすそうな項目から書いていくことで、少しずつ全体ができあがっていきます。

これは「チャンクダウン」というやり方です。

「チャンクダウン」とは肉などのかたまりを細かく切り分けることをいいます。ビジネスの場では、**大きな仕事を細分化して考えることを「チャンクダウン」**といいます。

たとえば、私が時間割の仕事術の本を書くとします。これは大きなかたまりの仕事です。本というのは、おおよそ8万字程度の原稿を書くことになります。400字詰めの原稿用紙に200枚です。はっきり言ってかったるいし、面倒くさい。気が重くなります。

ですので、まずはこの本を書くにあたって、やらなくてはいけない細かい作業を書き出していき、「本」という大きなかたまりを、細分化していくのです。

最初はいろいろな時間術の本を探して参考になるものを購入したり、箇条書きで目次だけを書いて並べていったりといったことをやります。次に、目次の中でも書きやすいものから肉付けして、文章を綴っていきます。

「牛を1頭、丸ごと食べてくれ」と言われても、大きなかたまりのままではとても飲み込めるものではありません。でも、細かく分けて、ステーキにして、毎日1切れずつ食べていけば、1年くらいかけて牛1頭食べられるかもしれません。

「チャンクダウン」とはそんなイメージです。

図3 チャンクダウン

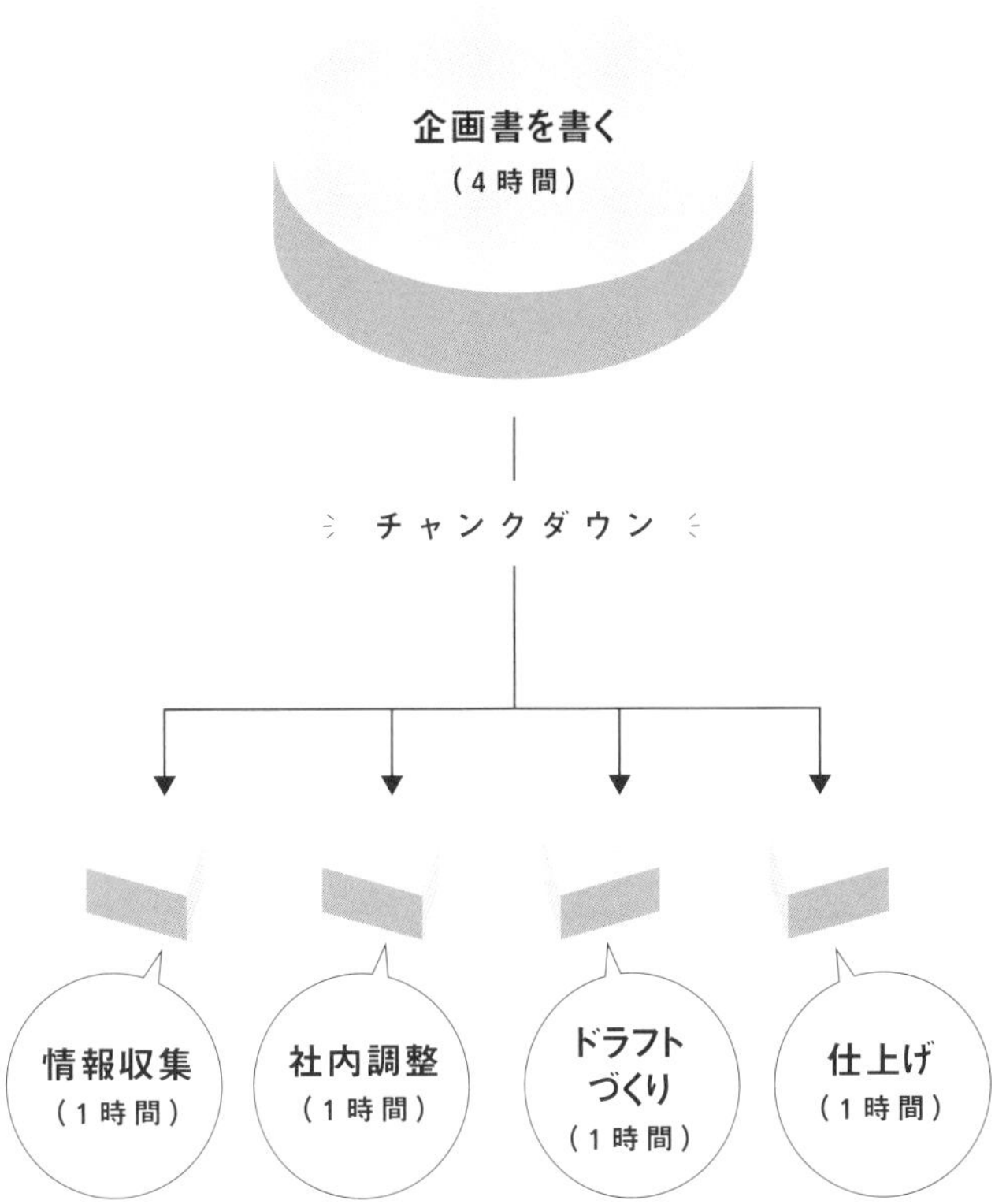

Point

1時間程度の作業に小分けする

1日1時間と決めてやってみる

もちろん、ギターの練習と違って、仕事の場合、締め切りがあります。「今日は何をどこまでやる」「明日は何をどこまでやる」と少しずつ計画的に進めていく必要があります。

そんなときにも時間割は力を発揮します。

たとえば、2カ月で本を1冊書き上げてほしいと依頼があったとします。そういうとき、著者の方の中には、その間、仕事やプライベートの予定を極力入れない人が多いようです。また、締め切り直前になると「書き上がるまで缶詰になります」と宣言して、いっさいの交流を断つ人もいます。それはそれで一つのやり方だと思います。

しかし、私はそうしません。

本を1冊書くのには、通常8万字程度の原稿が必要だと申し上げました。私の場合、2000文字の原稿をつくるのに通常1時間を要することがわかっています。

つまり、本を1冊書くには、40時間が必要なのです。締め切りが2カ月後であれば、その間、40時間を確保すればいいのです。

つまり、たとえば毎日たった1時間費やすだけでも40日で終わり、2カ月もかかりません。

その予定を時間割の中に組み込んでおいて、あとはその時間が来たら、機械的にロボットのようにこなしていくだけです。たとえば、毎朝10時から11時までは原稿を書くと決めるのです。そうすれば、必ず40日後には書き上がります。

1日1時間ですから、それ以外の時間に人に会うこともできますし、ジムに行くことも、飲みに行くこともできます。

書かない日もつくれますから、ゴルフをしたり、旅行に行ったりすることさえできるでしょう。そのほうがかえってリフレッシュもできて良いものができます。

他の仕事を封印したり、ましてや人との交流を断つなどする必要はまったくありません。

これは私のような特殊な仕事に限った方法ではありません。その証拠に、私は会社勤めの時代から、特に残業を封印してからはこのやり方を徹底していました。

たとえば、企画書を書く場合、それまでは「ざっくり半日を作業にあてよう」としていました。しかし、半日の作業となると気が重くなり、着手に時間がかかりがちです。

そこで、工程を細分化し、情報収集に1時間、社内調整に1時間、ドラフトづくりに1時間、原稿を書き上げるのに1時間というふうに1時間程度の小さな作業に分割して計画するようにしたのです。

すると、**1時間の作業なら取り掛かる際の心理的な負担も少ないため着手が容易**です。また、時間を決めることで、一つの作業に凝りすぎて時間を消費してしまうことや、期日に間に合わなくなることもなくなります。

このように「チャンクダウン」のやり方を身につければ、大きな仕事を細分化する↓時間割に落とし込む↓簡単なものから着手する↓機械的にこなすことで気がついたら終わっている、という具合に、たいていのことはやり遂げられるようになるものです。

この章のPoint

1 やることを全部書き出す

2 1日のざっくりした時間割を前日夜か当日朝につくる

3 「重要な仕事」は常に見える化する

4 体が動かないときは、最初の1アクションだけしてみる

5 大きな仕事は「1時間の仕事」に小分けする

第3章

Chapter 3

最高の時間割のつくり方

理想的な時間割は簡単につくれる

時間割で大成功した人

この章では、すぐに行動に移せない人が、理想の人生に近づける時間割をつくるノウハウをお教えします。

実はこのノウハウどおりの時間割を実践して、数年でビジネスを大きく成功させた人がいます。彼は私が通っているスポーツジムのトレーナーでした。

将来はパーソナルトレーナーとして独立する夢を持っていましたが、独立のための資格や勉強、人脈づくりをする時間がまったくないというのです。朝は9時に出社して、23時すぎまで働き、家に帰って寝るのが1時くらいというハードスケジュールです。

でもよくよく話を聞いてみると、ジムにいる時間は長いのですが、待機時間やダラダラしている時間がけっこうありました。出社するのは9時なのに、打ち合わせという名の雑談をしたり、新聞を読んだりして、実際に仕事をはじめるのが11時すぎということもありました。

そのあとお昼を食べ、みんなで喫茶店に行ったり、雑談したり、トータルすると1日に3時間ほどムダな時間があったのです。

その分を資格取得の勉強や独立の準備にあてることにして、理想の時間割をつくってもらいました。その時間割どおりに頑張ってみたところ、2年で資格を取得でき、ジムでの実績や固定客もつきました。

その後にパーソナルトレーナーとして独立して、数年たった今は直営店とフランチャイズの3店舗を経営する立派な経営者になっています。

もしあのまま何も行動せずジムに勤めていたら、彼は資格を取ることも、独立することもなく、今も同じように時間に追われる生活を送っていたに違いないと思います。

彼は今から説明するやり方で、理想的な時間割をつくりあげました。

動けない自分を脱して、自分が思い描く人生を実現したのです。

ぜひあなたも挑戦してみてください。

なお、時間割のつくり方はいくつかのステップに分かれています。段階を踏んで1歩ずつ進んでください。

最後まで進めば、あなたにとって最高の時間割ができあがる仕組みになっています。

ではははじめます。

決意する

まず大切なのは「決意」です。

時間割づくりは、別につくらなくても、会社をクビになるわけでもないし、命にかかわるわけでもありません。それに今日つくったからといって、明日から効果があらわれるというものでもありません。

そうすると、またあれこれ考えていつまでもやらないことになります。

おそらく永遠にやらない可能性もあります。

ですから、**まずは「『時間割』をつくるぞ」という決意を固めてください**。

当たり前すぎるかもしれませんが、「決意」は時間割をはじめるためだけでなく、継続するためにもとても大事な要素になります。

この本を手に取ってくださったということは、現状を変えようと思っているのだと思います。「今のままではいけない」という気持ちがあるから、この本に興味を持たれたのだと思います。

だからこそ、ぜひその気持ちを決意に変えて、時間割づくりに挑戦していただきたいのです。

決意するには動機があったほうがいいでしょう。

たとえば時間管理がきちんとできていなくて悔しい失敗をした経験、あるいは「こういう上司になりたい」という人を思い出してみる。あるいは、「さっさと家に帰ってあのゲームをするぞ」といったものでも立派な動機です。

最低の未来を想像して、そうならないためには時間割をつくることが必要、と心に刻むのもいいでしょう。私の場合は、研修のときに見た最悪の人のビジュアルがあまりに強烈だったので、くじけそうになると、いつもあのときの映像を思い出していました。

決意できたら、その決意を忘れないように、動機と一緒に書き出してください。

それを、手帳の表紙に貼り付けるとか、スマートフォンのホーム画面に保存するなどして、いつも目に入るようにしてください。

1週間を棚卸しする

自分が何をしていたかを記録する

時間割をつくる前に、自分の現状を把握しましょう。

時間割は1週間単位でつくるのが基本です。なぜかというと、私たちの日常生活は1週間単位でルーティンが決められていることが多いからです。

月曜日の朝イチは朝礼、木曜日は営業会議といったように、決まったイベントが週単位で入ることが多いと思います。

休日も土曜日は睡眠不足解消や休息、日曜日はデートや外出というふうに、なんとなく週単位で行動をパターン化していることも多いと思います。

それをふまえた時間割をつくるために、まずは先週月曜日から日曜日まで1週間をどのようにすごしていたか、一つひとつの行動を思い出して、1週間を時間割形式で書き出してみましょう。

場合によっては、前日のことさえきちんと思い出せないということもあるでしょう。そうなると、1週間分を書き出すことは、とても難しいと感じるかもしれません。

そういうときは、実際にどうすごしているのか、**自分の1週間を記録してみましょう**。起きた時間、朝食を食べた時間、出社した時間、打ち合わせをした時間、資料をつくった時間、メールを書いた時間、電話応対した時間という具合に、30分単位くらいでざっくり記録していきます。


といっても、面倒ですよね?


そういう方のために、次ページに時間割のフォーマットを用意しました。

これをコピーして、机の上に貼り付けておいてください。そして、作業が終わるたびに、何をしたのかを逐一記録してみてください。

理想を言えば、プライベートの活動も記録したほうがいいと思います。可能であれば、帰

図4 時間割フォーマット

TRY!

	月	火	水	木	金
(例) 09:00					

Point

左端に時間を入れて自分用にカスタマイズしよう

宅の際には持ち帰り、目に付く所に鉛筆と一緒に置いて、風呂に入った、ご飯を食べた、テレビを見た、ゲームをしたという具合に、いちいち記録するようにしてください。

しつこいようですが、書き出す作業をパソコンやスマホでやると、ネットやSNSの誘惑にひっかかるリスクがあります。できれば、紙に書き出していくことをおすすめします。

もちろん、グーグルカレンダーなどを利用してもかまいません。グーグルカレンダーなら、すでに日課になっていることはまとめて記録できますし、修正も容易です。あらかじめ理想の時間割をつくっておいて、記録しながら修正していくわけです。

何をしたかわからない〝謎の時間〟を見つけよう

いずれにしろ、1週間続けるのは面倒だと思うかもしれません。そのために必要なのが決意です。気がのらないときは、ぜひ自ら書いた決意を見返して、やる気を奮い起こしてください。

自分の1週間を棚卸しすると、面白い発見がたくさんあるはずです。

寝不足だと思っていたのに、けっこう寝てるよなとか、「この時間、何してたっけ？」という〝謎の時間〟とか。

ある会社で、社員に1週間の棚卸しをしてもらったところ、日曜日の午後、疲れ果てて10時間以上、連続でテレビを見ていた人がいたそうです。

もちろん本人が「日曜日は休みなのだから、10時間テレビを見ていてもいい」と思うのなら、別にかまいません。

でも「このダラダラした生活を何とか変えたい」とか「将来に向けた経験を積み重ねたい」と考えているなら、この〝日曜日の10時間〟は宝の山と言えます。

こういうことが1週間の棚卸しで発見できます。

「やるべきこと・やりたいこと」を洗い出す

次にやるのは「やりたいこと」「やるべきこと」をすべて書き出す作業です。

「ざっくり時間割」をつくったときは、会社にいる間の仕事だけの時間割でしたが、理想的には「美容院に行く」とか「親に会いに行く」とか「趣味のスクールの説明会に行く」など、「やりたい」「やるべき」ことを片っ端から書いていきます。

このときのコツは二つあります。

コツの一つ目は**徹底的に数にこだわること**。

「できるか」「できないか」「やるべきか」「やらなくていいか」といったことは深く考えず、思いつくものはすべて列挙するのです。

不要であればあとで削除すればいいだけなので、現在進行中のものなど、すでにやっているものはもちろん、近日中にやる予定のこと、「時間があればやりたい、やるべき」こと、遠い将来、「いつかやりたい、やるべき」ことも全部書き出しましょう。

コツの二つ目は**仕事だけでなく、「健康」や「人間関係」「趣味」に関することもバランスよくあげていくこと**です。

私は幸せになる条件は「お金（仕事）」「健康」「人間関係」だと思っているので、これらの項目については、とくに「やりたいこと」「やるべきこと」を徹底的にあげていきます。

これらをバランスよく時間割に入れ込んで実行していければ、必然的に幸せになれるだろうというわけです。

「時間の予算」を組む

「やりたいこと」「やるべきこと」をすべて書いたら、それぞれに要する所要時間を書いていきましょう。

最初は列挙したぼうだいな項目すべてに所要時間を書いていこうと思いますが、その過程で「これは今じゃなくていいかな」とか「これは必要ないか」とか「これは一生やらないよ」というものが見えてくるはずです。

そういうものをふり落としていくと、ある程度「やりたいこと」「やるべきこと」がしぼられてきます。それぞれに所要時間を書いていきます。

時間はざっくりでかまいません。

ウォーキング　40分
企画書づくり　90分×3日

趣味のサークルの説明会に行く　2時間
資格を取る　1000時間

このようにおおよそ想像できる所要時間を書いていくのです。

なお、仕事に関してですが、**所要時間がまったく想像できないときは、要注意**です。企画書をつくるのに、どれくらい時間がかかるか見当もつかないのなら、ふだんから時間をまったく意識せずに働いている証拠です。それ自体が大問題だとわかります。

過去の企画書づくりを思い出し、「これぐらいかかるだろう」というのを割り出して、所要時間を書いてほしいと思います。

所要時間が把握できれば、それを1週間で終えるのか、1カ月かけるのか、年単位で終わらせるのか、だいたいのイメージがつかめます。

私が中小企業診断士の資格を取ったときは、資格取得に1000時間かかると仮定して、それを2年で合格したかったので、そのためには1週間に10時間の勉強が必要、という時間の〝予算〟を立てました。

このようにばくぜんとでもいいので、ざっくりした所要時間を書いてください。

週単位で「時間の器」をつくる

次に「時間の器」をつくっていきます。

この「時間の器」が、時間割をつくるいちばんの〝肝〟になります。

1日は24時間しかありませんから、そこに何を入れるかは限られてしまいます。何をどう入れるか考えるのが時間割です。

そのとき、「時間の器」をあらかじめつくって用意しておくと、時間割づくりがひじょうに楽になります。説明しましょう。

みなさんは幕の内弁当をご存じですね？　一つのお弁当箱にいろいろな種類のおかずが入っています。弁当箱の中が「ここはご飯」「ここはおかず」「ここはデザート」といったようにフレームになって分かれています。

時間割も幕の内弁当のフレームと同じように考えましょう。

1日が1個の弁当箱と考えると、まず睡眠時間のフレームは毎日ほぼ決まっています。私

一つひとつのフレームが時間の器

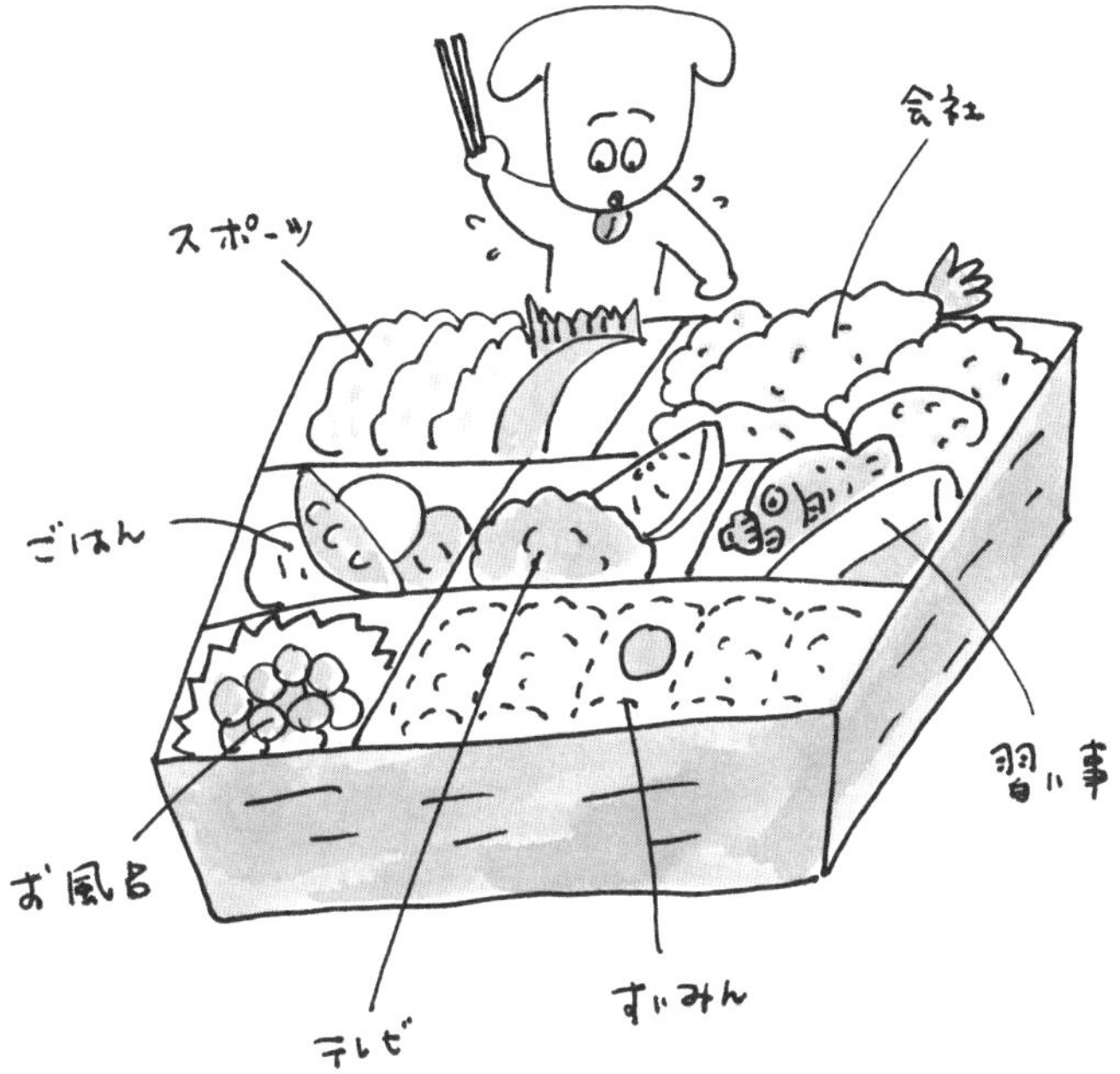

Point

限られたスペース（時間）に
必要なことを必要な分だけ入れていく

の場合だと、23時に寝て、6時に起きるので、24時間のうち、7時間は睡眠の時間です。そこは一つの器としてスペースを確保します。

会社の時間も決まっていて、9時から17時までだとすると、その時間は動かせません。そこも一つの器です。家で過ごす時間も同様です。

こんなふうに毎日決まっている「時間の器」を決めておき、1週間分の「時間の器」をつくってみるのです。

さらにあらかじめ決まっていることも「時間の器」にしていきます。食事や移動時間はもちろん、週末の習い事やスポーツジムなど、行く曜日や時間が決まっているのなら、これも「時間の器」としてスペースを確保します。

それが129ページの図です。

1週間分といっても、多くの人は、平日用に1個、土曜日用が1個、日曜日用が1個の3パターンでいいでしょう。場合によっては、土日は同じ内容になって、2パターンですむ人もいるかもしれません。

これで「時間の器」は完成です。

図5　時間の器づくりの実践例

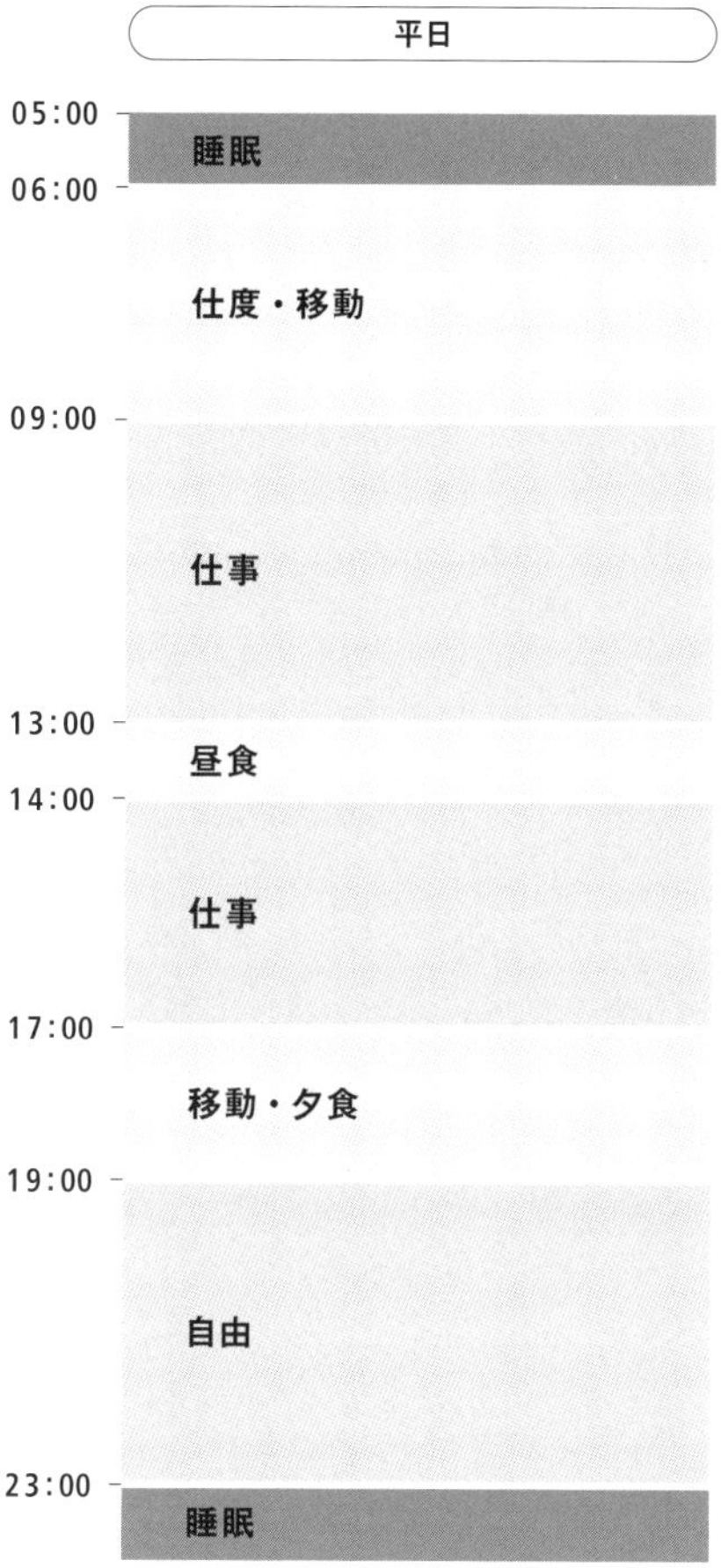

Point

いつ・何に時間を割いているのか、
ざっくり“見える化”する

「やるべきこと」を器にふり分ける

優先度の高い仕事を90分単位で組み込む

「時間の器」が完成したら、ここに「やりたいこと」「やらなければならないこと」をどんどん入れていくわけです。

入りきらないものは、睡眠の器を削ってそこに入れたり、仕事の器を拡大して残業するなりして対策を取ります。

「やるべきこと」の多くは、仕事関係でしょうから、会社にいる「時間の器」に入れ込むことになります。

会社にいる8、9時間の「時間の器」は1日のうちでもかなりのスペースを取っているので、本来ならいろいろなことができるはずです。でも計画なくダラダラすごしていると、意外に何もできずに、気がつけば退社時間までわずかだったということが起きがちです。

ですから「やるべきこと」を会社の「時間の器」にどんどん入れ込んでいきましょう。そのさい、コツがあります。

仕事をする時間を60分または90分の単位に分けて、三つか四つの「時間の器」をつくり、「優先順位の高い仕事」を必ずそこに入れ込んでいくのです。

たとえば「9時半～11時」「11時～12時半」「14時～15時半」というような三つの器をつくります。

そして今週（あるいは今日）は「企画書づくり」「広報と打ち合わせ」「経費の精算」の三つの大きな「やるべき仕事」があるとすると、その仕事を三つの器にふり分けていきます。

かたまり以外の時間は、会議があったり、人に会ったり、打ち合わせをしたりといった案件が入ります。でも「やるべきこと」の「時間の器」はしっかり確保してあるので、確実に予定していた仕事はこなせます。

なぜ60分か90分という時間に設定したのかというと、人が集中できるのが、だいたいそれくらいだからです。学校の授業や講演が60分や90分単位で行われるのも、そのためです。

１日90分（**または60分**）×三つの器を意識して、１日三つ、大きな仕事をこなすようにすると、かなりサクサク仕事が進むでしょう。

遊びの時間を取ると、さらに集中できる

ここでもう一つポイントを申し上げます。

90分のかたまりを確保したら、だいたい80分で終わるペースで仕事を進めてください。

80分しかないと思うと、さらに集中できます。

もし80分で終えれば、残り10分は余った時間なので、おしゃべりをしたり、お菓子を食べたり、スマホをいじったりしてもいいでしょう。

「やるべきこと」を終えて、正々堂々と遊びに使える時間ほど、気持ちがいいものはありません。

「やらなければ」と思いながら、ついだらけてスマホをいじっているときの自己嫌悪や罪悪感と比べたら、天と地ほどの違いがあります。

図6 時間割づくりの手順

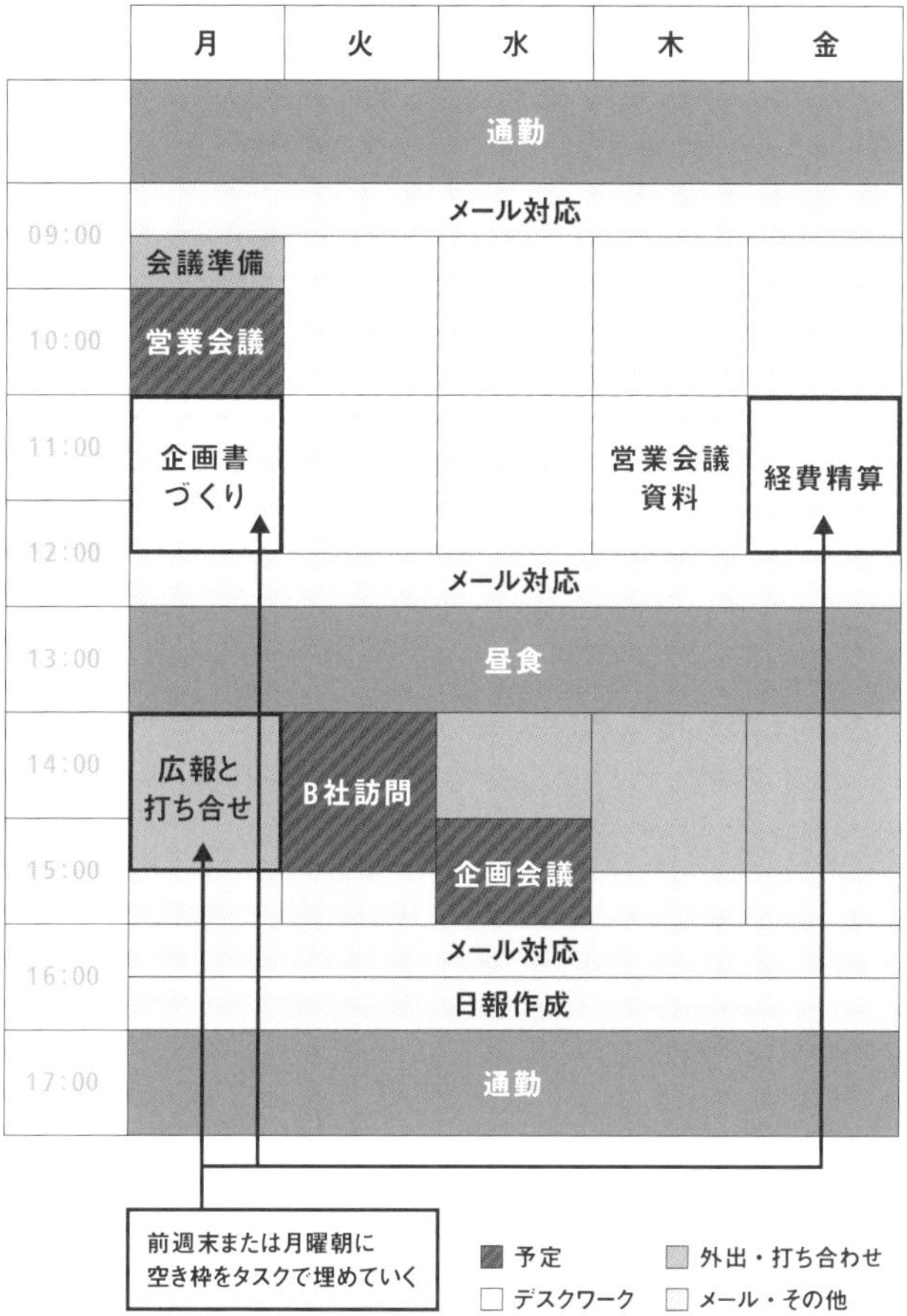

Point

空いているところに
「やるべきこと」「やりたいこと」をどんどん入れよう

メールの時間を決める

メールを四六時中チェックする人がいます。

まるで暇さえあれば冷蔵庫をのぞく人のように、暇さえあればメールを見る人です。受信したら、すぐにわかるように、ポップアップなどを設定にしている人もいます。見れば、返信したくなるものです。

しかし、いちいちメールチェックと返信をくり返していると、そのたびに集中力が途切れます。その結果、作業効率が落ちて肝心の仕事が進まなくなります。

まさに他人に振り回されている状態です。

ですからメールも見る時間を決めて、まとめて処理しましょう。

私の場合は、**朝9時、12時半、17時と1日3回しかメールを見ない**ことにしています。

そして、見たらその場ですぐに返信してしまいます。あとで返信しようとためてしまうと、忘れる場合もあるし、「あのメール、どこだっけ?」と探す手間も出てくるからです。

だからメールは見たら、即、その場で返す。その習慣をつけておくといいでしょう。チェックと返信の一連の作業に割く時間はそれぞれ30分と決め、もちろん時間割に組み、その時間内に終わるように心がけています（**もちろん、例外はあります**）。

一方で、メールは受け取ったら1時間以内に返信するのがビジネスマナーだという人がいます。しかし、私はほとんど〝都市伝説〟だと思っています。そんなに常時メールをチェックし、返信していたら、仕事に集中できません。

体内時計に従う

人間は午前中、集中できるように体内時計ができているそうです。

ですから**「やるべきこと」の中でもとくに重要なものは、午前中にやったほうがいい**でしょう。

私の場合も、企画書づくりや原稿書き、資料をつくるといった、頭を使う仕事は午前中に集めて、ひたすらアウトプットの時間にあてています。

昼食のあとは、どうしても眠くなるので、打ち合わせをしたり、会議をしたりするなど、人と会う時間にあてています。どんなに眠くても、まさか人と話している最中に眠る人はいないでしょう。

そして夕方、退社近くになると、疲労がピークに達してきますから、疲れていてもできるインプットの仕事、たとえば資料を読んだり、調べ物をする時間にあてています。

あるいはこの疲れ果てた時間に、自分が好きな仕事を持ってくるのもいいと思います。朝から好きな仕事をやっていると、「やるべきこと」をやらずにそればかりやってしまう危険性があります。あえて退社間際の能率があがらない時間帯に好きな仕事を持ってくれば、もうひと頑張りできます。

このように体内時計をうまく使うと、先延ばしぐせがある人でも、計画的に仕事をこなしていけるようになります。

移動時間も利用する

「時間の器」を決めて、「やるべきこと」「やりたいこと」をつめこんでいくと、ちょっとしたすきまで使える時間も見えてきます。たとえば会社からお客さんのところに行く移動の時間が30分あるとしたら、その時間でできることもあります。

もちろん移動時間ですから、ダラダラしてスマホをいじっていてもいいのですが、「やるべきこと」があるなら、すきま時間も有効に使いましょう。そうすれば、「やるべきこと」に追われて時間がなくなるということにならずにすみます。

すきま時間はメールをチェックして返信したり、資格の勉強をしたり、本を読むのもいいでしょう。

新幹線で移動するときなど、私にとってはゴールデンタイムです。資料づくりや原稿を書く時間にあてています。

やることを決めないでいるうちは、新幹線の中では決まってビールを飲み、おつまみを食べて酔っ払って寝ていました。その結果、あとでわざわざ報告書の作成に時間を割かなければならなくなります。

移動時間であっても、何をするか決めておくことで、ダラダラした1日を送らないですむようになりました。

理想の1週間をすごしてみる

「時間の器」に「やるべきこと」をはめこんでいき、幕の内弁当という時間割が完成したら、それにそって、理想の1週間をすごしてみてください。

きっと思いどおりにできないでしょう。

できなくていいのです。

できなければ、修正すればいいだけですから。

やってみて、無理だったことは修正して、1週間後にまた新しい時間割をつくる。そのくり返しで、時間割はどんどん精度の高いものに研ぎ澄まされていきます。

理想を言えば、時間割どおりにできたかどうかを、その日の終わりか、翌日の朝にチェックして、修正する習慣を身につけておくといいでしょう。

修正は慣れてくれれば、3分もかからない作業です。

服を着替えるより、短時間ですみます。

図7　1日の時間割を修正する

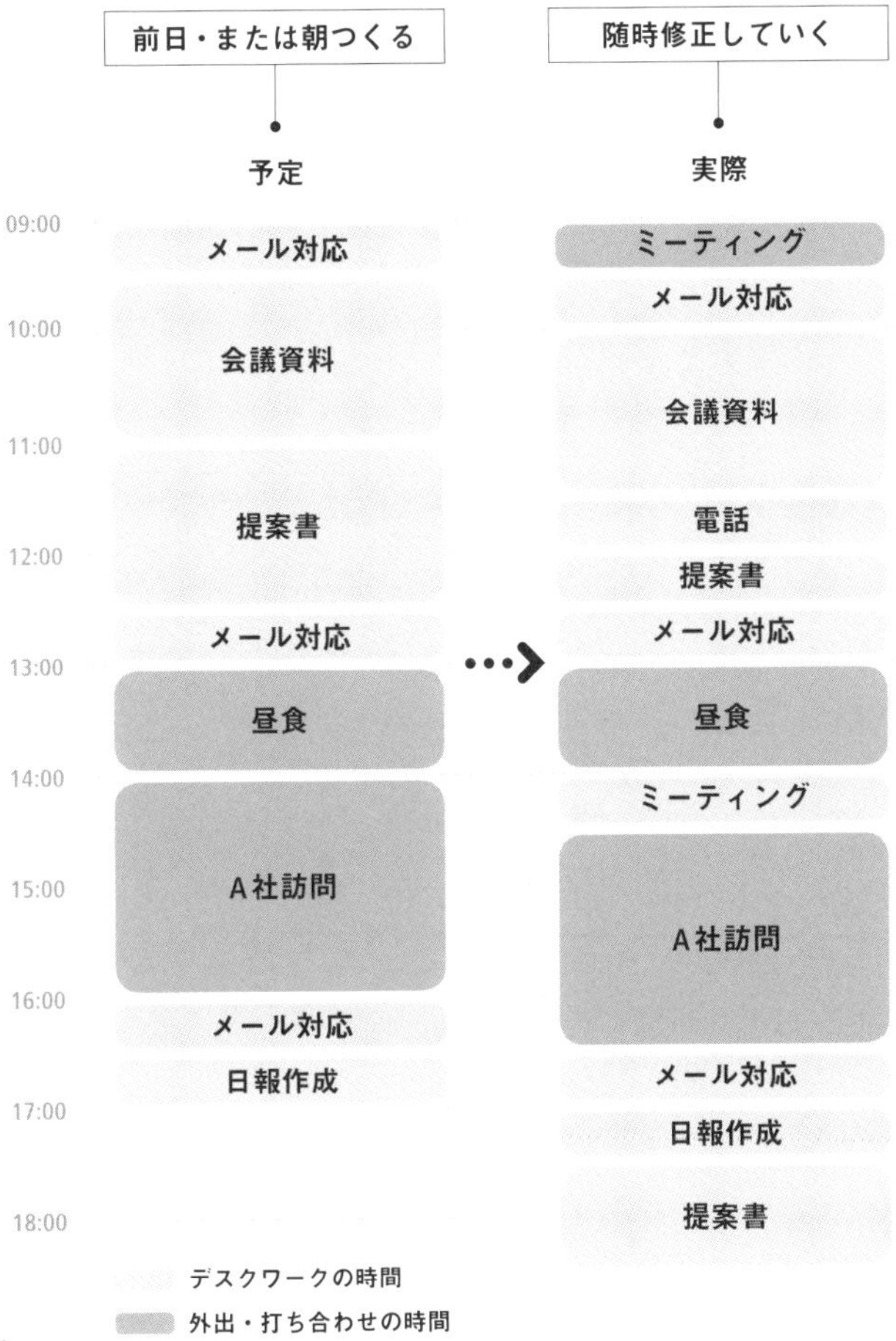

Point

予定は変わって当然。時間割も都度修正しよう！

大事なことは、**時間割どおりにできたどうかを検証し修正する時間をルーティンにして、それを時間割の中に組み込んでおく**ことです。

もしあまりに時間割どおりにならず、自己嫌悪におちいってしまうとしたら、そもそも最初のつくり方に無理があったのです。

もう一度「決意」に戻り、「こうなりたい」「こうはなりたくない」というのを思い出しながら、実情に合わせて修正していけばいいと思います。

時間割はいったんひな型をつくってしまえば、それ以降、つくるのにそれほど手間はかかりません。私はグーグルカレンダーを使っているので、自動的に時間割が更新されていきます。

それをたたき台にして、翌週の時間割を作成するので、時間割づくりに5分もかかりません。

たった5分の時間割。

それを続けるだけで、5年後、10年後20年後の人生は、今とはまったく違ったものになっていることでしょう。

この章のPoint

1 決意を書き残しておく

2 1週間で自分が何をしているのかを把握する

3 やるべきことの想定時間を割り出す

4 24時間でいつ、何を、何時間くらいするのかを決める

5 やるべきことを90分単位で日々こなす

第4章

Chapter 4

長期の時間割で人生を劇的に変える

10年後、どんな自分でいたいか？

「ありたい姿」を10年単位で書き出す

週単位でつくる時間割は日々の時間管理ですが、幸せな成功にたどりつくには長期の時間割も必要です。そのために「ありたい姿」を10年単位で書き出してみることをおすすめします。

20代、30代、40代、50代にどんな自分になっていたいか、イメージしてみましょう。

とはいえ、大きな目標を達成するためには、小さな目標をたくさん持つことが必須の条件です。

南カリフォルニア大学が行った実験では、「30年で1億円貯めましょう」という大きな目標より、「今日1万円貯めましょう」という小さな目標を持つほうが、約4倍も多く貯金で

未来の「なりたい自分」をイメージしてみよう

Point

できるだけ楽しく、まずは願望レベルでOK

きたそうです。

しかし「今日の1万円」は「30年後に1億円になる」という大きい目標があれば、もっと確実に継続して貯められます。

時間割も、10年後、20年後、30年後に「こうなりたい」という大きな目標があるからこそ、「今日1日をどう生きるか」という1日の時間割を大切にできるのです。

大きな目標に向けて、今年はどうする、今月はどうする、今週はどうする、今日はどうすると、細かく落とし込んでいくのが目標達成のコツです。

みなさんも10年ごとにざっくりしたイメージをつくってみましょう。次にあげたのは一例です。

20代　仕事スキルを習得し、30歳までには絶対転職する。
30代　どこでも通用する成果を出している。今の2倍の給料をもらう。
40代　趣味の比重を少しずつ大きくし、趣味を副業にしたい。
50代　いつでも引退できるくらいの金銭的余裕を持つ。

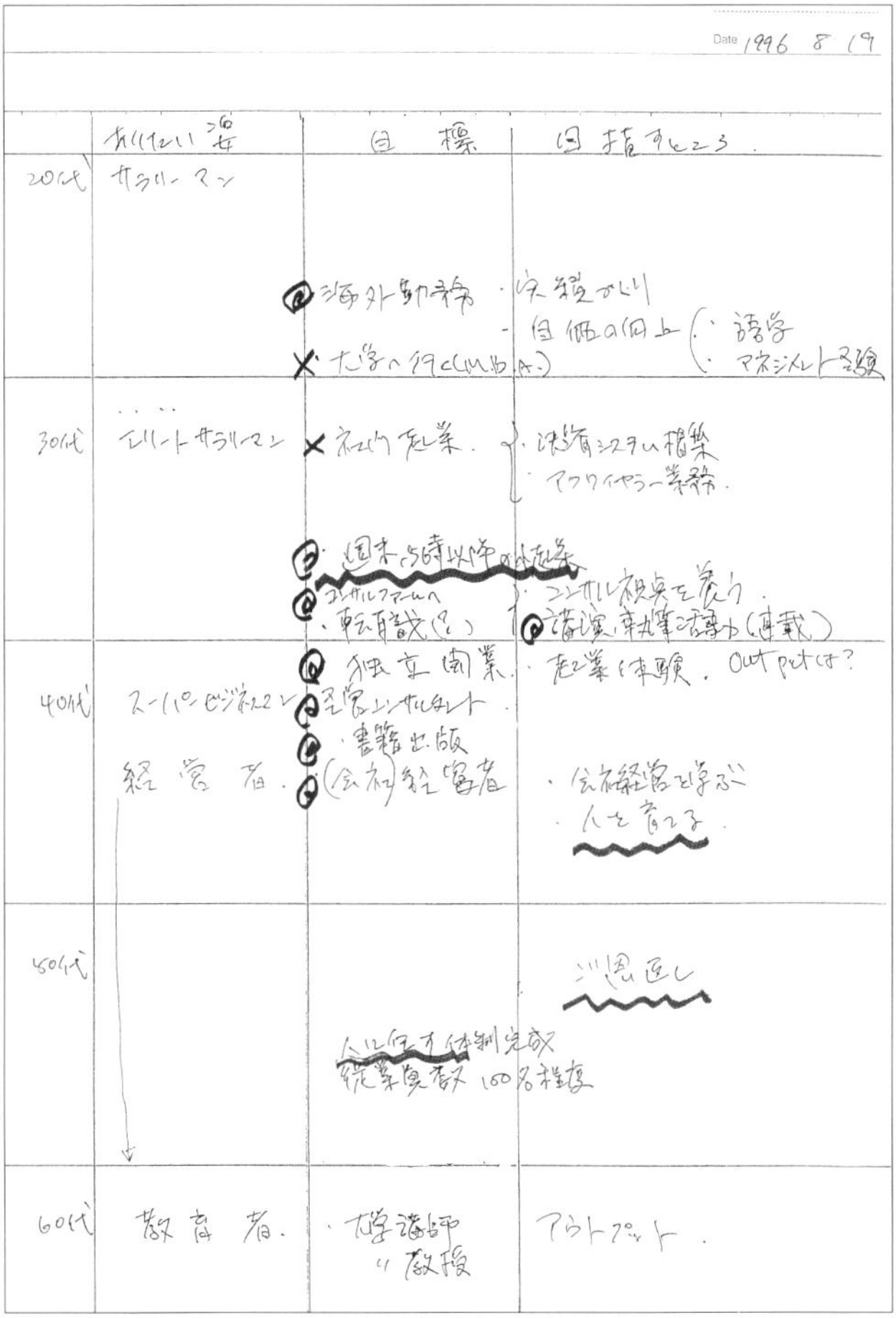
Date 1996 8 19

	なりたい姿	目標	目指すところ
20代	サラリーマン	◎海外勤務 ×大学へ行く(M.B.A.)	・実績づくり ・自価の向上(・語学 ・マネジメント経験)
30代	エリートサラリーマン	×社内起業 ◎週末・5時以降の起業 ◎コンサルファームへ転職(?)	・決済システム構築 ・アクワイヤラー業務 ・コンサル視点を養う ◎講演・執筆活動(連載)
40代	スーパービジネスマン 経営者	◎独立開業 ◎経営コンサルタント ◎書籍出版 ◎(会社)経営者	・起業体験。Outputは? ・会社経営を学ぶ ・人を育てる
50代		会社運営体制完成 従業員数100名程度	恩返し
60代	教育者	・大学講師 〃教授	アウトプット

筆者が20代のときに書いたもの

このように年代ごとに「ありたい姿」をつくって書き留めておくと、そのために今、何をしたらいいのかをイメージしやすいと思います。

ここで大切なのは、**「そのためにどうするか」という視点**です。

ちなみに私がつくった「ありたい姿」はこうでした。前ページに載せたものをさらにブラッシュアップさせています。

20代　実績をつくって自分の価値を向上させる。
そのために会社で実績を積む。資格取得、語学の勉強、海外駐在。

30代　独立の準備をして独立する。
そのためにサラリーマンをやりながら、出版、講演を行う。独立開業する。

40代　事業を完成させる。
そのために経営を学び、人を育てる。

50代　アウトプットして、社会に恩返しをする。
そのために経営者を退任。複数企業の外部コンサルタントになる。

60代　人生を楽しむ。

そのために人脈を広げる。海外を講演旅行して回る。

50代になった今、ほぼ、この目標は達しています。達成できたのは、「長期目標」を立てて、それに向けて時間割をつくっていたおかげです。

自分年表をつくろう

過去の自分を振り返る

ところで、みなさんは「ありたい姿」を10年ごとに書き出す作業がスムーズにできましたか?

私の周囲の人やお客さんにこれをすすめても、すぐに書けない人が多いのです。

未来は「やりたいこと」をするためにあるのですから、自由に想像して書けばいいのに、書けない。「やりたいこと」がわからないのです。

そういう人にとても効果があったのが、まず過去を思い出して書き出してみることでした。

自分の過去をふり返ると、「やりたいこと」が見つかることが多いのです。

そこでおすすめしたいのが「自分年表」をつくることです。

152～153ページに一例を出しましたので、参考にしてください。この例では2020年（令和2年）までが過去で、それ以降が現在・未来です。

「自分年表」には自分の年齢、家族の年齢とともに、社会的な出来事や学校（仕事）の略歴も記入するようになっています。社会的事件でいえば、「自分が何歳のときバブル崩壊があった」「リーマンショックがあった」などを書いていきます。

これは事実ですので、誰でもスムーズに書けるでしょう。

小学校入学や、大学に進学といったこともふつうに書けます。書いているうちに、もっと細かいことまで思い出してきます。

「そういえば公文式の塾に通っていたな」とか「部活はサッカーだったな。市の大会で準優勝まで行ってたっけ」など、どんどん思い出していき、さらにそのときの所感なども書き添えていくと、何だか楽しくなってきます。

仮に過去に思い出したくない嫌なことがあったら、そこは飛ばしていいでしょう。

目的はこれからやりたいことを見つけるためなので、挫折や失敗を書きたければ書けば

	個人	家族	所感
	サッカー部に入部		強豪校のため レギュラーになれず腐る
	ハンドボール部に入部	妹が中学に入学する	レギュラーになれそうだから
	テニスサークルに入る	妹高校入学	遊び中心のテニスサークルに
			給料の高さで選ぶ
			給料に惹かれ 完全歩合制の外資系企業に転職
			上司がリストラされ将来に不安
	株・不動産投資を 本格化	妻が再就職	マネー関連の勉強会に 顔を出し人脈を広げる
	FPの会社で副業		先輩の会社を副業で 手伝い経験を積む
	FPの資格を取得する	長男が中学受験	
	お金に関する ブログをはじめる	長男が中学入学	
	ゴルフでシングルになる		

Point

決まっていることから書いていくと、
未来のイメージがわいてくる

図8 自分年表をつくる

	西暦	自分	妻	長男	両親	社会的な出来事	学校／仕事
過去	1992年	12歳	9歳		42歳		A中学に入学する
	1995年	15歳	12歳		45歳	阪神・淡路大震災／地下鉄サリン事件	B高校入学
	1998年	18歳	15歳		48歳	長野オリンピック開催	C大学入学
	2002年	22歳	19歳		52歳		D証券に入社
	2014年	34歳	31歳	4歳	64歳	消費税率8%に引き上げ	E生命に転職
	2019年	39歳	36歳	9歳	69歳	「令和」に改元	
	2020年	40歳	37歳	10歳	70歳		営業課長に昇進する
現在・未来	2021年	41歳	38歳	11歳	71歳	東京五輪開催	
	2022年	42歳	39歳	12歳	72歳	北京冬季五輪開催	
	2023年	43歳	40歳	13歳	73歳		
	2024年	44歳	41歳	14歳	74歳		
	2025年	45歳	42歳	15歳	75歳	日本の高齢化率30%に	

エクセルなどで0歳から時系列に書いていくのがオススメ

いいし、書きたくなければ、書かなくていい。

そうやって、いろいろ書いていくと、「自分年表」の過去の部分は誰でも埋めていくことができます。

「決まっている未来」を書き出してみる

問題はこれから先、未来の部分をどう埋めていくかです。未来の「ありたい姿」が書けない人は、ここでつまってしまうわけです。

でも、すでに決まっている未来なら書けるでしょう。自分や家族の年齢は書けますし、子どもの学校進学や住宅ローンが終わる年も書けます。

すると「全力で働ける時間は意外と少ないな」「親に会えるのももう少しかも」「子どももあと何年で小学校を卒業しちゃうな」など、〝ぼんやり頭〟では見えてこないいろいろなことが見えてきます。

そうやって、決まっている未来をどんどん書き出していくと、それを手がかりにして、

「そういえば妻が長期でヨーロッパに行きたいと言っていたな」とか「会社は65歳でリタイアするから、そのあと軽井沢に引っ越すのもいいな」など、未来の「ありたい姿」を思いついてくるのです。

ここは願望レベルでいいので、できるだけ楽しく「ありたい未来」をイメージして、書き込んでください。

「現在の延長線上の自分」と比べる

未来の「ありたい姿」がある程度描けたら、次の段階として、「ありたい未来」から現在に思いをはせてみるのです。

「夫婦で長期のヨーロッパ旅行をしたい」と言っても、「軽井沢に引っ越す」としても、結局、現在の延長線上では「ありたい姿」に行き着けないと気づくことが少なくありません。

では**理想と現実の差異をどう埋めたらいいのか、改善の策を列挙していく**のが、次の作業になります。

私は経営コンサルタントの仕事をしているので、経営者にこの会社をどうしたいのか、未来のビジョンについて聞きます。たとえば「10年で年商10億の会社になりたい」と言われたとします。これはまさに「ありたい姿」です。

次に現状はどうかを聞きます。

仮に、現在の年商が5億円で毎年の売上は2000万円ずつしか上がっていなかったら、10年たっても、「年商10億円の会社」にはなれません。

ではどうするのか。「ありたい姿」と現状のギャップを埋めるために、いろいろな対策を立てることになります。

人生設計も同じです。軽井沢に1億円の家を買って引っ越すとしたら、貯金に退職金を足してもお金が足りないかもしれません。ではどうするのかというと、今から株や不動産投資を本格的に勉強して資産を増やしたり、とりあえず今はマイホームを我慢したりするなどの対策を取らなければいけないのです。

私の知人に40歳のサラリーマンの方がいました。

「未来のありたい姿」は「55歳で早期リタイアして、世界遺産を見て回ること」でした。その方に「自分年表」を書いてもらうと、今のような毎日を続けていても、経済的に実現は難しいと気がついたのです。

55歳までの15年間をどのように使えばいいか考えた末、彼は仕事で培ったプログラミングのスキルを生かして、企業のプログラミングの代行を副業ではじめることにしたのです。

そのために、顧客開拓するなど積極的に行動した結果、2年間で年収を100万円上乗せすることができました。これを運用に回してさらに増やせれば、早期退職の資金は調達できそうです。

15年後、彼が世界遺産をめぐる旅に出ているかどうかはわかりませんが、少なくとも、何も行動しないで迎える15年後とはまったく違う人生が待っているのは間違いありません。

目標をつくることの本当の意味

1日でできることはわずかだけど

私は起業支援をしているので、よくわかりますが、ほとんどのビジネスパーソンは「いつかは起業したい」と言っています。しかし、その大半の方が一生起業しません。

起業できる人とできない人、何が違うのでしょうか。

能力の差でもないし、運やチャンスの差でもありません。

勇気や決断力でもありません。

それは、「今日、何をするか」がわかっているかどうかです。

そしてそれを実行に移せているかどうかです。

15年後に仕事をリタイアして世界遺産を見て回るとして、そのために「今日、何をすべきか」がわかっていれば、その人は15年まであと５４７５日、その１日分の５４７５分の１のことを、今日やっているはずです。

でも「今日、何をすべきか」わかっていない人は、そのまま５４７５日を何もせずにすごしてしまいます。

結果、今とまったく変わっていない状況、あるいはさらに悪い状況になっているかもしれません。そして「仕事をリタイアして世界遺産を回りたいな」と同じことをつぶやいているかもしれません。

いずれにしろ、行動した人とは取り返しのつかない差がついてしまうことになります。

確かに、５４７５分の１でできることは、ほんのささいなことです。

仕事をしたり、友人や家族と良好な関係を保ったり、健康を維持したり、趣味を続けたりするなど、今の当たり前の日常生活を続けながらでもきっとできることです。行動に移せない人でもできる、わずかなことに違いありません。

でもそれをやっているか、やっていないかが、５４５７日後に決定的な差となってあらわれてくるのです。

今日すべきことを見極める方法

今あなたが30歳のサラリーマンで、「40歳には社員10名の会社の経営者になる」と考えていたとします。10年後までに社員を10名雇う会社をつくるために、いつまでに何をするかを決めなくてはなりません。

いつ起業の準備を終え、今の会社を辞めるのか。事務所はどこに構えるのか。最初の売り上げをどれだけあげるのか、採用はいつからはじめるのか、年に何人雇うのか、そのためには売り上げがどれだけ必要かなど、10年間に何をどれだけやるのかを計画していく必要があります。

10年というと途方もない年月のように感じられますが、やるべきことを細かく決めて計画していくと、意外と時間がないことに気がつくはずです。

1年単位の目標が決まったら、さらにそれを月単位で目標をつくっていきます。

当面は向こう1年だけでいいと思いますが、10年後に10名の会社にするために、1年後、に独立しようと考えるなら、この1月は起業の勉強をし、2月には事業計画を立て、3月には起業のセミナーを受けてみる、6月には信頼できる上司に独立のことを相談するとか、月単位の目標をつくるのです。

大事なことは「今、何をやるか」を知ることです。

大きい目標から小さい目標へどんどん落とし込んでいき、「今日、何をやるか」まで持っていくことが重要です。

「どうせかなえられないし」というあなたへ

よく「目標をつくりましょう」と言うと、「いやです」という人がいます。

「つくってもそのとおりにならないから」と言うのですが、そのとおりにするためにつくっているのではありません。

「今日をムダにしない」ために目標をつくるのです。

それがないと、誰だっていつまでたっても行動に移せないですし、やる気が起きないいからです。

「よーし、今日は、この経営者の本を読むぞ」と思っても、1年後に独立するのだ、という目標がなければ、SNSの誘惑に負けてしまいます。

「2カ月で歩いて北海道まで行く」と大きな目標を決めるから、「今日は上野まで歩こう」と決められます。どこに着くか決めなければそもそも歩きはじめようと思わないし、歩きだしても疲れたらすぐやめてしまうでしょう。

どんなこともゴールを決めないと、最初の1歩は踏み出せません。そして最初の1歩を踏み出さない人は、永遠にどこにもたどり着けないのです。

夢は忘れない工夫をする

「よし、やろう!」と思ったときが、いちばんモチベーションが高い状態です。

ところが、そのうち日常の忙しさにまぎれてやる気が薄れてしまいます。人によっては、「あれ、何だっけ?」とすっかり忘れてしまうことさえあります。

ですから、私は**目標を紙に書いておく**ことをおすすめしています。

「自分年表」をつくるのも、その一環なのですが、自分が「これをやりたい」「あれをやりたい」と思っていることを、紙に書いて目立つところに貼っておき、ゴールを明確にするのです。

パソコンのスクリーンにしたり、スマホの待ち受けにしたりしている人もいます。「将来、こんな人生を送りたい」という目標をのせておくと、毎日スマホを見るたびに、ワクワクして、モチベーションが保てます。

私の場合は、お正月と誕生日、さらに四半期ごとに、日を決めて長期目標を見直すようにしています。「これはできている」「これはできていないな」とチェックすることで、目標の下方修正もできますし、「あ、これはできている」と小さな達成感も味わえます。

目標を忘れないいちばんいいやり方は周囲の人に宣言することです。

「自分はこうなるんだ」という「未来のありたい姿」は人にどんどん話してしまいましょう。人に話したほうが成功率はあがるそうです。

経済学者フェリペ・キャストらの行った貯金に関する研究によると、あらかじめ貯金の目的と金額を周りに打ち明けた人と秘密にした人と比較したところ、前者のほうが貯金の額が65%も多かったそうです。周りに話すことであとに引けなくなって、頑張るからでしょう。

自分ひとりだと「もういいや」と、すぐあきらめてしまうのが怠け者の人の特徴です。そういう人だからこそ周囲の人の手を借りましょう。周りをまきこんで、挫折しそうになる自分を支えていくのです。

目標設定はできるだけ客観的に

長期目標について、最後に一つ、アドバイスがあります。大きい目標からどんどんブレークダウンしていって、「今日、何をする」まで落とし込んでいくのはいいのですが、そのとき大事なことが一つあります。

できるだけ客観的に、**誰が見ても「できたか」「できなかったか」が判断できるような具体的な目標にすること**です。

チェックができないと、目標達成がずるずる甘くなってしまうからです。

たとえば「ビジネス書をたくさん読む」とか「できるだけたくさんの人と名刺交換するよう頑張る」という抽象的な目標設定ではダメです。

「ビジネス書をたくさん読むんだ」という目標だと、やりはじめた最初のころは1週間に1冊読んでいたのが、「1章読めればいいや」「1日1ページでもいいや」になっていき、「今日は1ページも読んだぞ。やったぞ」になってしまいます。

でも最初に「1日1章読む」と決めておけば、「今日は1章読めたから○」「今日は1章読めなかったから×」と、客観的な判断ができます。

「たくさん名刺交換をする」という目標でも、「たくさん」ではなく「1年で1000人と名刺交換する」と決め、それをクリアするには1カ月80人、1日4人ですから「1日必ず4人と名刺交換する」という目標設定をもうけるのです。

そうすれば、あとで検証できるので、ずるずると目標が甘くなるリスクが避けられます。

この章のPoint

1 ありたい姿を年代ごとにイメージする

2 「今日何をすべきか」を明確にする

3 目標は「今日をムダにしない」ためにある

4 だから、達成できなくても自分を責めなくていい

5 目標を目に付くところに書いておく

第5章

Chapter 5

自分史上最高の生産性を身につける

仕事を高速化するテクニック

仕事を短時間で終わらせる「使い回し」の技

なるべく働く時間を短くして、余った時間を将来の自由な人生設計のために使うとすると、仕事の場では生産性をあげなければいけません。

そのための有効な手段が時間割ですが、この章では理想的な時間割を実現するために、具体的に生産性をあげる方法を見ていこうと思います。

生産性をあげるために、まずに大切なのは一つひとつの仕事の所要時間を短くすることです。

会社の仕事はくり返しが多いので、やればやるほど処理時間が速くなっていかなければいけないはずです。それを意識して仕事をすることです。

たとえばメール。**一度書いたメールは使い回せばいい**のです。サンキューメールや挨拶、確認メールなど、パターン化できるものはすべてテンプレートにして、使い回してしまいましょう。

メールはいちいち文章を考えていると、30分くらい平気で時間がたってしまいます。でもテンプレート化しておけば、宛て名を変えるだけですみますから、3秒で処理ができます。

同様に**提案書や企画書もテンプレート化**できます。

極端な話、会議の発言さえできます。どうするのかというと、会議の最初に概要を三つ話し、次に背景を話し、本題に行くといった流れをテンプレート化するわけです。

そうすれば、テンプレートに内容を当てはめていくだけで、会議で発言する中身がスラスラ決まってしまいます。

私はメルマガで毎週4500字の原稿を書いています。

もう20年も続けていて、「4500字もよく書けますね」と感心されます。でも、実はテンプレート化してあるので、それを埋めていくだけで簡単に書けてしまいます。

まず前半で読んだ本の要約を書きます。後半は感想です。その感想も何についてを書くか全部決まっています。まず本の概要と著者のこと、そして背景、本の評判、自分の感想……といったように、流れは決めてあるのです。中身を本の内容に応じて変えているだけです。

ですからアンケートに答えるように、文章をはめ込んでいくだけですみます。これで4500字がだいたい2時間で書けてしまうのです。

「自分用マニュアル」をつくろう

自分専用のマニュアルをつくるのも、仕事の生産性をあげるコツです。

パソコンの操作一つとってもそうですが、自分でやってみて、「ここはこうする」とわかったら、どんどん文書化して、蓄積していけばいいでしょう。

よくいろいろな人にやり方を教わっても、毎回同じことを聞いてくる人や、いつもパソコンのマニュアルを引っ張りだして見ている人がいます。効率が悪いこと、この上ありません。

今はメールの自動返信やエクセルのマクロなど、パソコンにも自動化の仕組みがたくさんあります。そうしたものを使いこなせれば、生産性は飛躍的に向上します。そのためには**ＩＴのスキルアップが必要**です。

またコミュケーションスキルや思考スキルにもさまざまな方法があります。うまく身につけると、とどこおっていた問題がサクサクと解決できます。

世の中には仕事が速くできる人のノウハウがたくさんあり、本はもちろんウェブでも公開されています。そういうものを定期的に研究して、少しずつ自分のものにしていかないと、仕事は速くなりません。

まずはスキルアップのプランを立て目標を設定し、時間割でスキルアップの時間を確保しましょう。

もう人の都合に振り回されない

ふせんで「やること」を管理してはいけない理由

ある若手社員が、手帳を持たずに、ふせんで予定を管理していました。

上司から作業を頼まれるたびに「会議室を予約する」「アンケートを集計する」「議事録をつくる」「クレームのメールに返信する」という具合にふせんに書いて、パソコンのモニターに貼っていきます。それを上から処理して完了したら捨てていくというやり方です。

一見、合理的に見えます。

しかし、これはただ言われたままに、**周辺の都合に合わせて仕事をこなしているだけ**です。

その結果、時間のマネジメントがうまくいかず、結局ミスをしたり、期限に間に合わなかったりして、仕事に支障が出てしまいました。結局、彼はふせんで管理するのをやめたといいます。

何がいけなかったのかというと、言われたことを、たんにふせんに置き換えたにすぎなかったからです。これでは備忘録にすぎません。

つまり**ふせんでは、①優先順位がわからない、②所要時間の見積もりがわからない、③いつやるのか実施する時間が決まっていない**のです。

時間割づくりのステップがすっぽり抜けています。

また「企画書作成」「提案書作成」のように、大きいかたまりが大きいまま記されていきます。

そのため、なかなか着手する気分になれません。また、まとまってやろうにも、その時間は簡単に確保できるものでもありません。

その結果、いつまでたっても、そこに貼り付けられたままで、なかなかかたまりに手がつけられません。

そこに、次々と上司の指示が追加されていきます。ふせんがなくなることも永遠にありませんから、自分が主体的に何かをはじめることなど、とてもできません。まさに上司の指示のままに仕事をしている状態です。

さらにふせんはポロリとはがれてなくなる、というデメリットもあります。私も若いころ、ふせんに書いてあった重要事項をふせんごと紛失してそのまま忘れてしまい、あとであわてた経験があります。

生産性をあげて仕事を進めていくには、やはり小分けにして、「今日やること」「明日やること」といったように時間割に落とし込んでいったほうが効率的です。

ふせんを使う場合は、そこに書いた大きな仕事のかたまり、たとえば「プレゼンの資料づくり」のような作業を、そのために必要な「資料集め」「社内調整」「ドラフトづくり」「パワーポイントづくり」といった60分から90分で完了する小さな作業に細分化することが必要です。

そして、それぞれの作業をいつやるかを決めることです。そしてその作業は時間割に書き込むことです。

作業が完了したらはがしていけば達成感も得られて効果的でしょう。

「自分で管理できること」に全集中

サラリーマン時代に強く感じたことですが、組織にいると、どうしても人の都合にふり回されてしまいます。

せっかく時間割をつくって、順調に仕事が進んでいても、突然、お客さんから呼び出されたり、上司に新しい仕事を振られたり、部下の尻ぬぐいをさせられたりして、予定が大幅に狂ってしまいます。

そういうときに大事なのは、人の都合で強いられることの中にも、**「自分で管理できるもの」と「自分で管理できないもの」を明確にわけること**です。

「自分で管理できないもの」の代表は上司です。やたらと仕事を押しつけてくる上司だとしても、「そんな上司は嫌です」と排除することはできません。

同様に部下も選べないし、職場環境も、取引先も自分では変えられません。また会社の文化や習慣もどうにもできないでしょう。残業を容認する文化や、長時間勤務する社員が評価されるという社風があったとしても、社員の立場で抵抗したり、変革したりすることは基本的に難しいのです。

ですから「自分で管理できないもの」にふり回されてしまうのは、仕方がないこととして、受け入れるしかありません。

一方で、人の都合で要請されるものの中にも「自分で管理できるもの」があります。

たとえば①会議&打ち合わせの具体的な進め方、②資料のつくり方、③メール&電話の対応方法などです。

「自分で管理できないもの」をあれこれ悩んでいても、意味がありません。それより「自分で管理できるもの」を徹底的に効率化すればいいのです。

たとえば、漫然とやっている会議や人数合わせの会議などには極力出ないようにしたり、つくらなくていい資料はつくらない、返信しなくてもいいメールには返信しないといったことです。

私は、資料も極力つくらないようにして、企画書や提案書も使い回していました。

資料など、一生懸命つくっても、人はあまり見ないものです。

時間をかけるだけムダです。

そうやって、人の都合で要請されるものでも、「自分で管理できるもの」はどんどん効率化し、必要ないものを削っていくと、人の都合でふり回される時間が相対的に減ってきます。

なんでもかんでもふり回されていたときより、ストレスは減り、時間の余裕もできます。

電話とメールは時間泥棒

電話は昭和のメディア

人の都合でふり回されるものの中でも、電話は最たるものの一つです。こちらの都合に関係なく、いきなりかかってきて先方の用件を告げられるのですから、これほど暴力的なものはありません。

電話が迷惑なのは、一つには集中力が途切れることです。くだらない用事だと、「時間を返してくれ」と叫びたくなります。

さらに電話が行ったり来たりして、効率が悪いことこの上ありません。電話がかかってきたとき、自分はいなかったのでかけ直したら、今度は相手がいなかった。そのくり返しはとても非効率的で、うんざりします。

〝時間泥棒〟もはなはだしい、と私は思います。

ただし、**電話に出るかどうかは「自分で管理できるもの」**の中に入ります。

会社にかかってきた電話にまったく出ないというのは無理だとしても、極力出ないでいることはできるからです。

私の会社では、仕事が忙しかったら、固定電話には出なくていいルールになっています。家にある固定電話も、ほとんどがセールスか特殊詐欺まがいのものが多いので、とうとうはずしてしまいました。今は携帯電話だけで用事がすんでいます。

今でも50代以上の方だと、打ち合わせの最中に、いきなり部下に電話をかけて、「あの件だけど」などとしゃべり出し、あれこれと指示を出して、電話を終えると「もう解決したから」と、得意そうにアピールする人がいます。

電話で即解決するのが格好いいというイメージがあるのでしょうか。バブルのころならいざ知らず、今はそんな時代ではありません。

電話は〝昭和のメディア〟です。

今どき、電話でビジネスをしようとするのは時代遅れもはなはだしい、と思ったほうがいいでしょう。

記録が残らないことも問題です。効率的に仕事をすることを考えたら、電話は撲滅の対象とさえいえます。

出なくてもなんとかなる

携帯電話にかかってきた電話はどうしたらいいのでしょうか。

固定電話と同じです。

基本的には出ません。

用件があれば留守番電話に入っていますから、時間のあるときに対応します。どうしても緊急のときは、相手のほうがなんとかするものですし、チャットですます場合もあります。

それでもなりふりかまわずかけてくるセールスの電話などは着信拒否します。そうやって**「電話に出ない人」というイメージを固定化する**のです。そうすれば、よほどのことがない限り、電話は鳴りません。

「緊急対応を要する電話だったらどうするのか」というご意見もあるかと思います。

でも、そもそもすべての電話に出ることは可能でしょうか?

接客中、移動中、会議中、打ち合わせ中など、勤務中であってもどうしても電話に出られないことはあるはずです。そのときは、留守番に用件を入れてもらって、後で折り返し電話をするしかありません。これで問題が発生することはほとんどないと思います。

あとは、折り返し電話をするまでの許容時間の問題です。

午前のものは午前中に、午後のものは17時までに折り返しすることが必要と考えるなら、1日に2回、時間を決めて留守番電話を確認して、折り返しかければ十分です。

1時間以内に折り返しが必要なら(こういう人はめったにいないと思いますが)1時間に一度留守番電話を確認して対応すればいいでしょう。

また、緊急電話をかけてくる相手は、たいてい決まっています。

たとえば、直属の上司や、大事な取引先、家族です。そういう人とは緊急時の連絡手段をあらかじめ共有しておくといいでしょう。それで連絡がきた場合は、よほどの緊急だとして出ればいいと思います。

もちろん、大事なプロジェクトの契約日や、大規模なイベントの日、子供が熱を出しているときなど、1分1秒を争う対応が必要な電話がかかってくる可能性が高いことがあらかじめわかっているときは、この限りではありません。臨戦態勢で携帯電話に対応できるように臨みましょう。

いずれにしろ大事なことは、いつ何時かかってくるかわからない電話に、かかってくるたびにいちいち対応することを避けることです。いったん留守番電話に残してもらい、こちらのペースで折り返ししましょう。

これが、無神経な時間泥棒から、自分のペースを守る方法です。

メールも見る時間、返信する時間を決め、文章もなるべく短くすることを心がけましょう。

長く書いても読んでもらえません。

そっけない感じにならないかと心配する人もいますが、仕事ですからベタベタする必要はないでしょう。

どうしても気になる人は、カスタマイズしたひと言、たとえば「今日は雨ですね」とか「朝から寒いですね」など「今日」だとわかる言葉をつければ十分だと思います。

最近はみなさんツイッターやＬＩＮＥやメッセンジャーなどでコミュニケーションを取る機会が増えているので、あまり長いメールも時代遅れです。

先ほど電話は〝昭和のメディア〟と言いましたが、メールは〝平成のメディア〟です。そう考えると、ＬＩＮＥやツイッター、メッセンジャーなどのＳＮＳは、いまのところ〝令和のメディア〟といえるかもしれません。

時代に応じたメディアを効率的に使いこなし、非効率な古いメディアの比重を下げていくようにしましょう。

この章のPoint

1 資料や書類は、基本使い回しする

2 ＩＴスキルをあげ、作業を高速化する

3 自分で管理できないものに意識を奪われない

4 自分で管理できる時間に全集中

5 電話には基本的に出ない

第6章

Chapter 6

リモートワーク時代のセルフマネジメント

スイッチが入る環境をつくる

音、香り、温度が重要

リモートワークが普及したおかげで、時間を自由にマネジメントできるようになりました。在宅での仕事は「好きなことを、好きな人と、好きなときに、好きな場所で、好きなだけやる」幸せにも通じる部分があります。

ただし、リモートワークには気をつけなければいけない落とし穴があります。周囲の監視がないだけに、仕事とプライベートの区別がつきにくく、ダラダラした生活になって、今まで以上に生産性がおちてしまうことです。

〝外圧〟がない環境だからこそ、今まで以上に時間割などを駆使して、セルフマネジメントに努める必要があります。

この章では時間割以外に、ついダラダラしがちな、あるいは働きすぎになりがちなリモートワーク生活で、セルフマネジメントできる方法についてあげておきます。

まず仕事環境については、音、香り、温度が重要です。

音

家で仕事をするときは、お気に入りの音楽をBGMで流しておくのがいいでしょう。アップルミュージックなどを使って、フォルダに**時間帯やシーンごとに音楽を集めておいて、メリハリをつける**方法もありだと思います。

能率が上がる午前中はこの音楽、少し眠くなる午後はこの音楽、テンポをあげたいときはこれ、リラックスするときはこれ、など使い分けるといいでしょう。

聞き方としては、普段は外部の音を取り込んでおくため、骨伝導のヘッドフォン、AfterShokzを使っています。ほかには首から下げるネックスピーカー、JBL SoundGearなども便利です。

集中したいときにノイズキャンセルのワイヤレスホンを使っています。アップルのAirPods Proがおすすめです。外の音が聞こえないので、集中できます。

香り

香りで気持ちがコントロールできるといわれています。柑橘系の香りだと集中力が高まり、フローラル系やラベンダー系はリラックス効果、ハーブ系や樹木系は清涼感が得られます。私は仕事のときは日常的に柑橘系の香りをたいています。

アロマディフューザーには、いろいろな種類があります。加熱式は衛生的ですが、拡散の範囲が限られます。超音波式は水の保持がやや面倒です。ネブライザー式は音がうるさいものの、広範囲に拡散します。

機器を使わず、肌に直接つけるタイプや香水もありますので、状況に応じて使い分けています。香りも工夫すると、仕事のスイッチを入れるのにとても役立ちます。

温度

温度に関しては、暑からず寒からずが仕事には適しています。電気代をけちらずに、冷暖房はちゃんと使ったほうがいいでしょう。

温度は私の場合、夏は28度、冬は24度程度を目安に設定しています。温度だけでなく、湿度の管理も大事です。私は加湿器を使って、だいたい50%前後を目安にしています。

生産性の高い人がコッソリしていること

仕事の開始・終了の儀式をつくる

家で仕事をしていると、仕事とプライベートの区別がつきにくくなります。仕事をはじめたり、終えたりするとき、儀式のようなものを導入して、切り替えスイッチにするといいでしょう。

スイッチにできるのは、次にあげるようなものです。

服・メイク

オフィスに出勤するときは、ピシッとスーツに着替えるのに、家にいると、仕事のときでも部屋着のままだったり、中にはパジャマのまま仕事をしたりする人もいるようです。要するに楽なかっこうをしてしまうのです。

寝ているときのかっこうのままで、仕事に気合が入るのでしょうか。やはり在宅ワークであっても、**仕事に入るときは服を着替えて、モードを切り替える**のがいいでしょう。

女性の方でも、在宅ワークの前にフルメイクをする人がいるそうですが、それもモード切り替えに役立ちそうです。

それに今はオンラインでのミーティングもあります。知り合いで、オンラインで打ち合わせの約束をしていたのに、相手が忘れていたのか、あわてて画面に飛び込んできたことがあったそうです。そのときの格好がボサボサ頭にスウェット姿。しかも顔には食べ物のカスがついていたというのです。

きっと、身なりを整える時間がなかったのでしょう。あまりにだらしないかっこうを見て、知り合いは「この人とは仕事ができないな」と思ったそうです。

そういうこともありますので、たとえ在宅勤務であっても、いつも人に見られているつもりで仕事にふさわしい服装に着替えておくのがおすすめです。

デスク

私は仕事が終わったら、デスクの上に何一つものを置かないことにしています。

そのままにしておいたほうが、明日またすぐ仕事にとりかかれるという人がいます。しかし、私はすべて撤収しています。

なぜなら**何も置かれていないデスクのほうが、気持ちをあらたに仕事に取り組めて、効率が上がる**からです。

またその人が会社を休んでも、デスクをほかの人が使えます。デスクを人と共有するのは、フリーアドレスやシェアオフィスでは当たり前のことです。

リモートワークをする人の中には、家族が食事をするテーブルで仕事をする人もいるでしょう。そういう人は、とくに、仕事とプライベートを分けるためにも、仕事の道具は全部きれいに片付けたほうがいいでしょう。

仕事の書類やペン立てが食卓に出しっぱなしだと、家族団欒《だんらん》中でも仕事を思い出してリラックスできません。

反対に仕事をしている目の前に、ラー油やしょうゆが置いてあったら、仕事をする気がそがれてしまいます。食卓は家族共有の場所ですから、その意味でも、仕事を終えたら、いったん片付け、デスクの上は仕事に関するものを置かないようにしましょう。

いちいち出したり、片付けたりしていたら、時間がもったいないという人もいるかもしれません。そんな人は、Ａ４のデスクトレー、いわゆる「道具箱」を用意することをおすすめします。

そして、仕事が終わったら、デスクの上にあるものを全部かき集めて、その箱に入れてしまいます。片付けが３秒で終わり、デスクの上は魔法のように何もない状態になります。仕事をはじめるときは、その箱を持ってきて、中身をデスクの上に広げればいいだけです。

私は、サラリーマン時代から、このデスクトレーを愛用していて、会社でも自宅でも仕事を終えたあとは、デスクの上には何も置かないようにしてきました。

デスクの上の片付けは、仕事モードを切り替える儀式の一環になりますし、仕事の効率化をはかる上でも効果がありますので、ぜひ取り入れてみましょう。

作業場所を複数つくっておく

自宅でひとり仕事をしていると気が滅入ってくることもあります。そういうときは庭やベランダに場所を移して仕事をすると、気分が変わってテンションが上がります。ときには公園や図書館で仕事をしてもいいでしょう。集中したいなら、レンタルオフィスやシェアオフィスもおすすめです。ネットはつながり放題で、プリンターなどOA機器もそろっているので、とても便利です。

レンタルオフィスを借りるのがぜいたくなら、公共の施設で、レンタルスペースを無料で提供してくれるところもあります。探してみるといいでしょう。

私の場合、会社と自宅以外に一部屋タイプのレンタルオフィスも借りています。それぞれ、仕事に応じて使い分けると気分転換になります。

定期的に体を動かす

ずっと座っていると、肩が凝ったり、集中力がそがれたりします。ですから私は発想が行き詰まってきたら、外に出て歩くようにしています。歩きながらのほうが、いろいろなアイデアが浮かびやすく、ものがよく考えられるからです。

毎朝ウォーキングをするのが日課ですが、仕事中でも、新しい発想や企画を得るために歩くことがよくあります。

オスィスにいるときは、デスクワークが中心でも、誰かに呼ばれたり、何かを取りに行ったり、トイレに立ったり、など何だかんだと動いています。でも在宅で仕事をしていると、ほとんど動かなくなります。

実は、**座っている人ほど肥満、糖尿病、がん、脳血管疾患、認知症などのリスクが高まり、寿命が縮まると言われています。**

長時間座ることで、筋肉の代謝や血行が低下するからです。1日8時間以上座っている人は、3時間未満の人と比べて、死亡リスクが1・2倍になるという研究もあります。これは週末の運動でも解消できないということです。

だから、デスクワークでも、定期的に体を動かすべきです。アップルウォッチには、ずっと動かないでいると、「スタンドアップの時間です」とか「深呼吸の時間です」といったアナウンスをしてくれる機能がついています。

考えようによっては大きなお世話ですが、強制的に言われないとなかなか体を動かせないので便利な機能です。

私の知り合いの中には、デスクワークも立ったままましているという人が何人かいます。私も、今この原稿を立った状態で書いています。

世界の国々の中でも、日本人は座りすぎ、といわれています。

仕事中でも意識して定期的に体を動かすように心がけましょう。

パワーナップを取り入れる

私は昼食を食べたあと、10分から15分、昼寝（パワーナップ）をすることにしています。仮眠ですから、本当にデスクにつっぷして寝るようなうたた寝に近い昼寝です。

社員食堂やカフェチェーン店でも寝ている人をよく見かけますが、短時間の昼寝は仕事にとても有効です。というのも、頭の働きは午前がピークで、午後になると脳が少し疲れてくるからです。

そういうとき**短時間の昼寝をすると、脳が休まって、午前のピークが戻ってくる**のです。

1日に午前が2回あるような得した気分になります。

ただし、昼寝は短時間ですまさないと、夜眠れなくなります。家にいるからとベッドで寝てしまうと、寝すぎてしまうので注意しましょう。

レンタルオフィスにも昼寝コーナーをもうけているところがありますが、寝心地が良すぎて、気がついたら夕方だった、などということにもなりかねません。

寝すぎないコツとしては、寝る前にカフェインを含むコーヒーやお茶を飲んでおくといいでしょう。カフェインが効きはじめるのが15分後くらいだそうですので、コーヒーを飲んで、すぐ昼寝をすれば、ちょうどいいころあいで目が覚めます。

ガムをかんで、滑舌をよくしておく

お腹がすいてくると、パフォーマンスが落ちてきます。ですから私の場合は、デスクにチョコレートまたは黒砂糖とガムを置いてあります。

糖がないと脳が機能しないので、甘いものは必須です。ただし、甘いものなら何でもいいわけではありません。チョコレートにはリラックス効果があるギャバが含まれており、黒砂糖には天然のミネラルが入っています。そうした効果も期待して、甘いものはこの二つを用意しているのです。

ガムをかむようにしているのは、滑舌をよくするためです。

リモートワーク中心になると、どうしても人と会ったり、話したりする機会が減ってきます。滑舌が悪くなるのです。

私は人前で話す仕事ですので、滑舌には人一倍気をつかっています。そのため、家で仕事をしているときはガムをかむようにしているのです。

オフィスでガムをかみながら仕事をしていたら、ちょっと〝嫌な奴〟に見えるかもしれません。でも家でひとり作業しているならガムをかみながらでも、問題はないでしょう。

意識して口を動かすようにしていないと、とくにひとり暮らしの人は、「1日誰とも口をきかなかった」という日もあり得ます。口を動かす練習はしておいたほうがいいでしょう。

働きすぎを防ぐ最強時間術

自分で自分にアポを入れる

ひとりで仕事をしていると、漫然と時間がすぎてしまいます。ダラダラ仕事を続けてもいいことは何もありませんので、17時で仕事を終えると決めたら、それ以降の予定を決め、生活にメリハリをつけるといいでしょう。

「18時から英会話の勉強をする」とか「20時から旅行の計画を立てる」など、**アフターファイブの予定をつくって、手帳に書いておく**のです。

自分で自分にアポを入れるイメージです。

こうしておけば、仕事は必ず17時すぎには終えないとアポイントが果たせないので、夜になってもダラダラと仕事をすることはなくなります。

残業は「悪」であると認識する

昔は頑張って、長時間働くことが美徳でした。でも今は価値観が変わりました。働きすぎが「悪」なのです。

その象徴が残業です。

そう考えれば、残業しないことに引け目を感じる必要はなくなります。むしろ残業することは、生産性を下げる行為、つまり仕事ができない証拠と思われる時代になろうとしています。

そもそも**仕事は制限時間があるゲーム**と同じです。多くのスポーツは制限時間が決まっています。その中で成果を競うから、ハイパフォーマンスが発揮できるし、記録も生まれます。

ところが、日本では、今まで制限時間を無視したゲームをしてきたようなものです。でもルールが変わりました。というより、国際標準に合わせる時代となったと言えるかもしれません。いずれにしろ、今は、制限時間が定められたと認識すべきでしょう。

冒頭でお伝えしたとおり、私は会社員時代、アメリカに駐在していました。アメリカでは17時をすぎて働いている人などいませんでした。

会社を見渡してみても残業しているのは、日本から来た駐在員だけ。それでも私は「日本が繁栄してこられたのは、こうして日本人が長時間労働もいとわず、歯をくいしばって働いてきたからだ」と思っていました。

しかし、それは間違いでした。

今、日本の生産性は先進国の中でも最低レベルです。あれほど働いて、日本は先進国の中で生産性が最低の国になったのです。その結果、OECD（経済協力開発機構）のデータによると、主要国の中で日本だけが唯一この20年間、平均賃金が下がり続けているのです。

20年前の給料より、今の給料のほうが安いのです。

これだけ見ても、**プライベートを犠牲にして長時間労働する意味がない**ことがわかるはずです。

日本は単に働きすぎていただけだったのです。

そのことがはっきりしたのですから休むことに罪悪感を覚える必要などまったくありま

せん。

もちろん面と向かってそんなことを言えば、会社では角が立つし、残業や休日出勤を命じる上司の命令にもさからえないでしょう。

でも少なくとも自分の中で「時代は変わっていくのだ」という認識さえあれば、罪悪感を持たずにすむのではないでしょうか。

定時で帰る人が結果を出せるワケ

もし上司から「休みを返上してでも働け」と言われたのなら、そういう人がぐうの音も出ないほど、成果を出せばいいのです。営業成績がトップだったら、休みを取ったり、17時で帰ったりしても、文句は言われないはずです。

プライベートも犠牲にして、長時間働くからトップが取れるのではありません。

17時に帰れるような仕事の仕方をしているから、トップが取れるのです。

発想が逆なんですね。

仕事の時間中は「全集中」して、フルスロットルで働く。エンジンはフル回転です。よく「時間がない」と言いながら、午前中はまったりしている人を見かけませんか？　そんなことをしていたら、とても17時には仕事は終わりません。

午前中はまったり、午後は眠くなってぼーっとして、17時近くになって、やっとノってきたと思うと、もう終業時間です。

結局、残業や休日出勤になって、休みも取れないという生活がルーティン化されてしまうのです。

そういうことがないように、私の会社では始業時間と終業時間、さらに90分ごとにチャイムが鳴るようにしています。

一つのことに集中できる時間は60〜90分ですから、この時間のかたまりを意識して時間割を作成し、今日やるべきことを確実にこなすようにしています。

ちなみに私は家でも60分ごとに時計のチャイムが鳴るようにしています。

わざわざそういう時計を購入して、60分という時間のかたまりを意識できるようにしているのです。

そうすると、時間のたつごとに自分の仕事の進捗具合もわかります。また、6時に起床、7時に朝食、19時半に夕食、20時に入浴、23時に就寝というふうに、パターンを守りやすくなります。ダラダラすごすことがなくなります。

お金持ちは財布の中身をいつも正確に把握しているといいます。

〝時間持ち〟も同じです。

今何時なのか、今何をすべきか、持ち時間はどれだけ残っているのか、つねに正確に把握しているものです。

この章のPoint

1 在宅だからこそ、集中力の上がる環境にこだわる

2 働く時間になったら服を着替える

3 運動と昼寝を効果的に取り入れる

4 アフターファイブの予定を入れる

5 90分ごとにアラームを鳴らして集中力を維持する

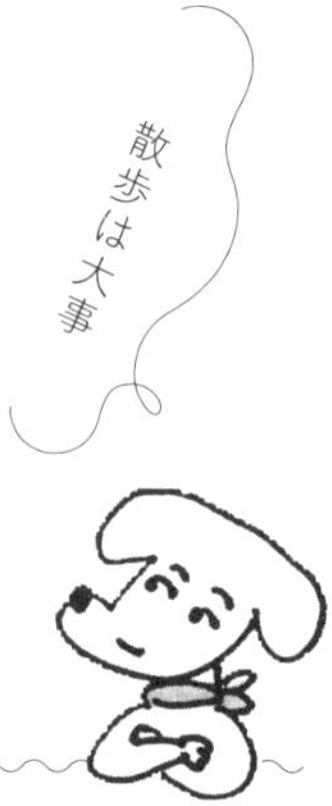

最終章

Conclusion

人生をすべて時間割にするということ

時間割をつくるのは幸せになるため

時間割で人生をコントロールする

人生はすべて「時間」でできています。

だからその時間をコントロールできれば、人生もコントロールできることになります。

もちろん人生には想定外の出来事や、自分の力ではどうしようもないことも起きますので、すべてをコントロールできると言っているわけではありません。

ただ、理想の時間割をつくって、それにそって生きることで、時間割がない場合よりは、理想に近い人生が送れるはずだということです。

今までは時間割と主に仕事のことについてお話ししてきましたが、**仕事以外の時間も人生**です。

仕事だけではなく、プライベートも含めてすべて理想の時間割に落とし込んでいくことが、理想の人生を実現させる道ではないでしょうか。

そもそも、なぜ時間割をつくるのかというと、私は幸せになるためだと思います。

幸せになるために自分をマネジメントする、そのツールが時間割です。

とくに、人間は楽なほうへ、安易なほうへ流れがちです。何かで自分をマネジメントしないと、理想の人生には到達できません。

動けない自分に打ち勝つためには時間割は必須なのです。

お金、健康、人間関係にすべてを投入せよ

人は仕事だけしていれば、幸せになれるわけではありません。幸せになるためにはリソースが必要です。それは何かというと以下の三つだと私は考えます。

①お金（仕事）

②健康
③人間関係

①のお金が必要なことは誰も異存はないでしょう。仕事がなかったり、お金に困っていたりしたら、幸せな状態とはいえません。幸せにはある程度の経済的な裏打ちが必要です。

②の健康に関しても、同様だと思います。何か健康上で心配なことがあると、ずっと頭のどこかにひっかかってしまいます。自分の健康はもちろんですが、家族が病気になったら、心配でいてもたってもいられません。

③の人間関係も、まったくゼロだと、やはり幸せにはなれません。お金があっても、家族や友だちがいないために不幸な人はいっぱいいます。お金が貯まってしまったために、人が信用できなくなる人もいます。

高級老人ホームの運営にたずさわっている知人がこんなことを言っていました。

何億という資産を持ちながら、訪ねてくる家族や知人がひとりもおらず、日がな1日ロビーでぼーっと景色を眺めている老人が何人もいるそうです。その姿は、孤独以外のなに

時間配分のヒント

Point

幸せのためには、
お金・健康・人間関係への投資が重要

ものでもない、と言っていました。

人はひとりでは生きられません。

豊かな人間関係も「幸せ」を形成する立派なリソースの一つです。

「お金」「健康」「人間関係」、この三つがすべて揃うからこそ幸せになれるのです。

逆に言うと、一つでも欠けると幸せになれません。

だから、幸せになりたかったら、この三つのリソースを手に入れるために、自分の時間をバランスよく投入すべきです。


すると、ある人が私にこんなことを言いました。

「自分は仕事が好きで好きでたまらないんです。24時間仕事をしたい。ほかのことに時間を使いたくありません」

好きなことが仕事なら、24時間仕事をしてもかまわないと思います。でも私はそれだけでは幸せになれないと思うのです。そんな生活を続けていたら、いつかは健康を害すでしょう。家族や友人、仲間もいなくなってしまうかもしれません。

若いある時期は、仕事だけに没頭するときがあってもいいとは思います。私も20代は仕事中心の生活でした。でも、いつまでもこのままではダメだと気がついて、人生を見直したのです。

やはりバランスが大切です。

「お金」「健康」「人間関係」の大きな三つの円があって、それらがバランスよくあるイメージです。

「今年は仕事だけ」とか「今週は仕事一色」というのももちろんアリだと思いますが、人生のどこかで帳尻合わせは必要でしょう。

バランスよく三つのリソースを手に入れる。

そのためにこそ時間割をつくるのです。

別の言い方をすれば、時間割の中に、幸せになる三つのリソース「お金」「健康」「人間関係」を手にしたり、維持したりするための時間を組み込んでいく。

すると、自動的に幸せでいられる。そういうわけです。

運動する時間を組み込もう

幸せになれる三つのリソースのうち「お金」に直結する仕事の時間割づくりはこれまで述べてきました。

では「健康」に関しては、どんな時間割をつくればいいのでしょう。

健康のために、私は**運動する時間を毎日時間割に組み込む**ようにしています。朝6時から小一時間ウォーキングとラジオ体操をしているのです。

朝のウォーキング（若いころはランニングでしたが）は中学生のころからの習慣です。高校受験で体がなまりそうだったので、眠気覚ましを兼ねて、朝から走りはじめました。もう何十年も続けているので、歯を磨いたり、顔を洗ったりするのと同じくらい、無意識にできるようになっています。

「今日は寒いからやめよう」とか「疲れているからどうしよう」などと迷ったり、考えたりすることもありません。「今日は寒いから歯を磨くのをやめよう」という人がいないのと同じで、私にとって朝のウォーキングはあって当たり前の習慣です。しないという選択肢はないのです。

ほかにも、午後の時間にスポーツジムを入れたり、週に1回はゴルフに行ったりするなど、積極的に運動の時間を組み込んでいます。「健康」のために運動は欠かせないと考えているからです。

趣味の時間も決めてしまう

趣味の時間も時間割に必ず組み入れています。

趣味はメンタルヘルスにとって必要なので、広い意味で「健康」に入ります。

前述のとおり私は最近、ギターを趣味としてはじめました。夢はコンサートを開くことですので、毎日のギター練習は欠かせません。

あとは読書の時間やゴルフの練習など、趣味を含めた「健康」に割り当てる時間は、1日だいたい5時間くらいです。

先に「お金」「健康」「人間関係」はバランスよく、という話をしました。

私はそれぞれに割く1日の時間をだいたい5時間前後が望ましいと考えています。

すなわち、**「仕事」に5時間、「健康」**（**趣味**）**に5時間、「人間関係」に5時間**です。

仕事が1日5時間でいい、というのはサラリーマン時代にはとても考えられなかったことです。こんなことが可能になったのも、独立して、自分で時間をコントロールできるようになったおかげです。

なお「人間関係」に割く時間とは、家族と話したり、子どもの面倒をみたり、友人に会ったり、ソーシャルメディアに返信するといった時間が該当します。

もちろん、毎日5時間ずつ、きれいに分けられるわけではありません。

けれどもイメージとして**毎日、「お金」「健康」「人間関係」に均等にバランスよく時間を使うことが、幸せになれるコツ**だと考えています。

最高の休息時間のつくりかた

何の意味もなかった、という時間をつくらない

こうした日々を過ごしていると、何もしないでダラダラして知らない間に時間がすぎてしまうことはなくなります。すきまの時間も、何かしらやることが決まっているので、1日の中に「何の意味もなかった」という時間が存在しなくなるのです。

ぼーっとする時間も、私の場合は決めてあります。

お風呂に入っている間や移動時間がそれです。通常は本を読んだり、資料を見たりしているのですが、ときにはスマホを見たり、ぼーっとしたりすることもあります。

でもその時間がダラダラ続くことはありません。お風呂が終わったら、次にやることが決まっているので、ぼーっとする時間も終了です。際限なくスマホを見続けて、気づいた

ら1時間たっていた、などということはあり得ないのです。

時間割をつくるメリットは、今やることがあらかじめ決められていることです。

そして、時間を区切っていることです。

いつまでもぼーっとして、「何の意味もない時間をダラダラと際限なく続ける」ということをなくす意味もあるのです。

とはいえ、現実には時間割どおりに毎日できるわけはありません。

疲れて「今日は本を読まずにテレビを見ていよう」という日も当然あります。

時間割を守らなくても、誰かに怒られたり、会社が倒産するわけではないので、100%時間割を守れなくても、それは当たり前のことです。

大事なことは自分で「決めておく」ということです。

たとえそのとおりにできなくても、「本当はどうしたかったのか」という理想を持っていることが大事なのです。

スマホを見続ける人こそ時間割が必要

とくにダラダラとスマホを見続け、ムダに時間をすごしているなら時間割は必須です。

見るな、と言っているのではありません。

見たいのなら、それ用の時間を取って、時間割に組み込みましょう、と言っているのです。

たとえばＹｏｕＴｕｂｅの閲覧タイムを22～23時に設定する。そのあとお風呂に入って、24時までに就寝する時間割をつくったとします。そうすれば、次にやることが決まっているので、ダラダラ見ている時間はなくなります。

時間割をつくる目的はそこにあります。セルフマネジメントは難しいからこそ時間割をつくり、毎日を意味のある時間で満たしていくことが大切なのです。

朝1分でも瞑想する

私の場合、何もしないぼーっとする時間は、たとえば朝1分間の瞑想で取っています。朝、起きてすぐ1分から5分、腹式呼吸をして呼吸を整え、何も意識しない時間をつくっているのです。

私の瞑想は「なんちゃって瞑想」で、ただ、目を閉じて呼吸を整え、何も考えないようにするという簡単なものですが、これをやるだけでも、すっきりした1日を迎えられます。

脳は人間が何も活動していないときでも、「デフォルト・モード・ネットワーク」（DMN）という独自の活動状態になっていて、エネルギーをたくさん使っています。ちょうどアイドリングのような状態だと思ってください。

瞑想をすると、このDMNの状態をストップさせ、脳を休めることができるのです。

脳が休まると、集中力や記憶力が高まり、仕事の効率があがります。

さらにうつ病などメンタル系の病気になりにくく、病気に対する免疫力も高まるなど、さまざまなメリットがあるといわれています。

実際に瞑想をやってみると、すぐ雑念が浮かんできて、何も考えないようにするのは難しいことがわかります。それでもやらないよりは、脳が休まっている気がします。

脳の活動をシャットダウンして、リラックスする訓練の一環として、毎朝の瞑想を時間割に組み込んでいるわけです。

なお瞑想は夜寝る前に行うのも効果的だといわれています。

ほかにも、仕事の切り替えのタイミングなどにやると効果的です。アップルウォッチには、定期的に「深呼吸」を促す機能がついていますので最近はそれを使っています。

1日1分から5分の瞑想で、心身を整えることができるのですから、これをやらない手はないと私は思います。

長期休みを利用する

休みのすごし方でも時間割はとても有効です。休みには、普段は仕事に費やしている時間がまるまる空きます。出社なども不要です。その時間をどのように使うのか、あらかじめ使い方を決めておくことが、その休みを有意義なものにできるかどうかを決めるうえでとても重要になります。

もし、**長期の休みに、「やりたかったけどなかなかできなかったこと」をまとめてやろうと考えているなら、休みに入る前にその計画を立てておく**ことをおすすめします。

私の場合はまとまった休みに入る前に、「休暇の時間割」をつくっています。それは、第3章でご紹介したステップとまったく同じです。

念のためくり返しますと、まず休みの前日、または初日の朝、A4の紙を広げます。そして「やりたいこと」「やるべきこと」をすべて書き出していきます。

たとえば「ビジネス書を10冊読む」とか「経理ソフトの勉強をする」とか「来年の旅行計画を立てる」といったことから、「靴を磨く」「ウサギをつめ切りにつれていく」といった、細かいことまですべて書き出します。

そして、それをそれぞれ時間割に割り振っていくのです。

この時間割のポイントは、紙に書き出した「やりたかったこと」が、休みの期間中にすべて終わるよう、予定を組んでいく点です。

もちろんできなければ、次の休みにズラしてもいいのですが、とにかくまとまった休みに、専用の時間割を組むことです。

そうすることでふだんは目先の仕事が優先で「今度の休みのときにやろう」と先延ばししてきた事柄を確実に回収でき、とてもスッキリすることができます。

もちろん休みのときくらいのんびりしたい方もいらっしゃるでしょう。

当然、そんな時間もたっぷり時間割に組み込めばよいのです。

肝心なのはその中身です。せっかくの休みなのに、無為にすごして後悔するような状態になるのはもったいないことです。

休みの時間割は休みの前日、または初日の朝までにつくる必要があります。あらかじめ休みの期間中の時間割ができていれば、ダラダラした無意味な時間がなくなり、さらに効率よく、作業がこなせます。

たとえば「休みの間にビジネス書を10冊読む」なら、あらかじめ書籍を注文しておきます。

そうしないと、肝心の読む本が手元になく、届いたのは休みのあとということも起きてしまいます。そういうことにならないように、事前に準備をすませておくべきです。

時間割どおりの人生は、最高に幸せだ

時間割はやっぱり窮屈？

時間割どおりの人生を送るというと「そんな窮屈な生活はいやですね」とか「ロボットになったみたいで楽しくないです」と言われることがあります。

でも、それは反対です。

窮屈な人生を送りたくないから時間割をつくるのです。

無神経に押し付けられる仕事に振り回されたり、「あれをやらなきゃ」「これも終わっていない」と、いつも進行中の仕事に追われたり、やることが頭の片隅に心配ごとのように居座っていたりするような生活がいやなのです。

仕事中は自分の仕事に集中したいですし、休むときはできれば仕事のことは完全に忘れたいのです。

人生は決断の連続です。進学、就職、結婚、転職など、いろいろなことを決める必要があります。日常的にも「今日のお昼は何を食べよう」とか「今日は何を着ていこう」「あの誘いをどうやって断ろうか」など、毎日決めなければいけないことが山のようにあります。

私は、それが面倒なのです。

決断は人を消耗させます。だから、決断する機会はゼロにはできなくても、極力減らしたいと思うのです。

本当に大事な決断にこそ、時間と労力を割くべきだと思っています。

そして、自分の好きなことをとことん楽しみたいのです。

そのためには、あらかじめ決めておけることやどうでもいいことにはできるだけ煩わされたくないのです。機械的にこなしていきたいのです。

そのためのしくみが時間割です。

たとえば「月曜日の11時から1時間、営業会議」と決めて時間割に組み込んでおけば、そのことを別の時間に考える必要はありません。ただ月曜日の11時になったら会議室に行けばいいだけです。

準備が必要なら、その準備をする時間を確保しておけばいいのです。そして、それも時間割に書き込んでおきます。

毎回会議をいつやるかを決めていると、そのたびに参加者全員のスケジュール調整が必要です。さらに、会議室を押さえ、資料をつくるといった一連の準備に煩わされます。そんなことを、毎度毎度やらなければならないほうが、私にとってはよほど窮屈です。

私に言わせれば、大して重要でないルーティンは全部決めておくからこそ、本当に楽しいこと・好きなこと・人間らしいクリエイティブな作業にとことん没頭し、存分に楽しめるのです。

のんびりするために確保しておいた大事な時間に、頭の片隅で仕事のことを気にしなければならない生活のほうが、私にとってはよほど窮屈です。大好きな読書や映画鑑賞、ジムの時間も決めてあるから、その時間はそれに没頭することができます。

ぼーっとする時間も決めておけば必ずぼーっとできますし、その時間は本当に何も考えず、ぼーっとすることができます。

その間に「そう言えば、あの仕事をやらなきゃいけないんだった！」と思い出し、「いつやろうか」とか「ちゃんと終わるかな」などと考えはじめ、結局そこからはそのことばかり考えて一日が終わってしまったなどということはしたくないのです。

であれば、仕事をする時間も、それに着手する時間も、それが完了する時間も、あらかじめ決めておけばいいのです。それ以外の時間に、仕事のことに煩わされる必要はまったくありません。

ここまで読まれた方はすでに気づいているでしょう。

時間割は、やりたいことをとことん楽しむためのツールなのです。

この章のPoint

1 お金、健康、人間関係にバランスよく時間をふり分ける

2 のんびりする時間も堂々と時間割に組み込む

3 休暇用の時間割でやりたいことを全部やる

4 決断の数はできるだけ減らしていく

5 時間割は幸せのための最強のツール

あとがき

Afterword

ペン1本と紙1枚で人生を変えよう

時間割をつくっておけば、幸せになれます。

なぜなら、幸せになるために必要な3要素、「健康」「お金」「人間関係」の時間を忘れずに確保できるからです。

時間割どおりにすごしているだけで、自動的に幸せになれるのです。

それを可能にするツールが時間割なのです。

私はもともと究極の面倒くさがりやで、すぐ行動に移せないタイプの人間です。

油断をすると、いつも楽なほうに流されます。決めておかないと、できるだけやらずにすませようとしてしまいます。

でも、いつも楽なほうに流されていたら、いずれ病気になったり、お金がなくなったり、友だちがいなくなったりするはずです。

まさに不幸せな状態です。

だから、そうならないように、できるだけ楽に幸せになるのはどうしたらいいのかを考え、たどり着いたのが、時間割をつくり、そのとおりに生きるという方法なのです。


大事なのはやるか、やらないかです。

時間割をつくることなど、紙1枚、ペンが1本あればできます。

それに従って生活することは、小学生のときからみんながやっていたことです。

それでも、やるかやらないかで長い歳月を経れば大きな差がつきます。


この本を読んで「ふーん、そういう考えもあるんだ」で終わりにしてしまえば、何も起きません。今日と同じ明日が続いていくだけです。

でも、この本を読んで時間割をつくり、それに従って生きる生活をはじめれば、やがては変わっていくはずです。

今からやるかやらないかで、将来の幸せがまったく違ってきます。

もし「今の生活を変えたい」「将来幸せになりたい」と思われるなら、ぜひ、できるところから試してみていただきたいと思います。

縁あってこの本を手に取り、最後まで読んでくださったあなたです。

ぜひ、自由で幸せな人生を送っていただきたいと思います。

藤井孝一

Fujii Koichi

経営コンサルタント。株式会社アンテレクト取締役会長。1966年生まれ。慶應義塾大学文学部を卒業後、大手金融会社でマーケティングを担当、その間5年の米国駐在を経て独立。中小企業と起業家の経営コンサルティングを始める。ビジネス書の愛読家としても知られ、その要約と書評のメールマガジン「ビジネス選書＆サマリー」を毎週発刊、現在3万人以上のビジネスパーソンに読まれている。著作に『ビジネススキル大全』（ダイヤモンド社）、『週末起業』（ちくま新書）、『大人の週末起業』（クロスメディア・パブリッシング）、『インディペンデントな働き方』『読書は「アウトプット」が99％』『「お金を稼ぐ！」勉強法』（以上、三笠書房）ほか多数。

すぐ動けない人のための

時間割仕事術

2021年2月28日 第1刷発行

著者　藤井孝一
発行者　三宮博信
発行所　朝日新聞出版
〒104-8011　東京都中央区築地5-3-2
電話　03-5541-8832（編集）
03-5540-7793（販売）

印刷製本　広研印刷株式会社

©2021 Fujii Koichi, Published in Japan by Asahi Shimbun Publications inc.

ISBN978-4-02-251749-4

定価はカバーに表示してあります。
落丁・乱丁の場合は弊社業務部（電話03-5540-7800）へご連絡ください。送料弊社負担にてお取り替えいたします。